Kauderwelsch
Band 237

Impressum

Marlon Görnert
Schwedisch Slang
erschienen im Reise Know-How Verlag Peter Rump GmbH
Osnabrücker Str. 79, D-33649 Bielefeld
info@reise-know-how.de

1. Auflage 2019

Bearbeitung & Layout Christine Schönfeld
Layout-Konzept Günter Pawlak, FaktorZwo! Bielefeld
Umschlag Patrick Haase
Fotos Marlon Görnert (S. 1, 8, 15, 18, 23, 62, 67, 81, 87, 89, 97, 98, 128), goncharovaia / AdobeStock (S. 53), Christine Schönfeld (S. 54, 71, 85, 92, 130)
Gesamtherstellung Himmer GmbH Druckerei & Verlag, Augsburg

ISBN: 978-3-8317-6544-7

Wer im Buchhandel kein Glück hat, bekommt unsere Bücher auch direkt über unseren Internet-Shop:
www.reise-know-how.de

Die Internetseiten mit Aussprachebeispielen und der Zugriff auf diese über QR-Codes sind eine freiwillige, kostenlose Zusatzleistung des Verlages. Der Verlag behält sich vor, die Bereitstellung des Angebotes und die Möglichkeit der Nutzung zeitlich und inhaltlich zu beschränken. Der Verlag übernimmt keine Garantie für das Funktionieren der Seiten und keine Haftung für Schäden, die aus dem Gebrauch der Seiten resultieren. Es besteht ferner kein Anspruch auf eine unbefristete Bereitstellung der Seiten.

Der Verlag möchte die **Reihe Kauderwelsch** weiter ausbauen und **sucht Autoren!** Mehr Informationen finden Sie unter ***www.reise-know-how.de/de/verlag/mitarbeit***

Kauderwelsch

Marlon Görnert

Schwedisch Slang

Wort für Wort

Kauderwelsch „Slang" heißt:

- Schnell mit dem **Sprechen** beginnen, auch wenn nicht immer alles korrekt ist.
- das Kauderwelsch der alteingesessenen Bewohner vor Ort mit all seinen fremdartig und zuweilen lustig klingenden Lauten und Ausdrücken wirklich verstehen, und sich in **die Lebensart, das Lebensgefühl, die Lebensphilosophie** der Menschen vor Ort einzufühlen. Denn ein Dialekt ist nie nur eine andere Art zu sprechen, sondern Ausdruck einer anderen Art zu denken, fühlen, genießen, leben und zu lieben.
- Es geht um die **Alltagssprache,** also das, was man tatsächlich auf der Straße hört.
- Die **Autorinnen und Autoren** werden Sie immer wieder zum Schmunzeln bringen und auf unterhaltsame Weise die Mentalität und und das Lebensgefühl des jeweiligen Sprachraums vermitteln.

Kauderwelsch-Slangführer sind keine Lehrbücher, aber viel mehr als traditionelle Reisesprachführer. Es erwarten Sie sprachliche Leckerbissen, gespickt mit **umgangssprachlichen Floskeln, Redewendungen und lockeren Sprüchen,** die den Mutterwitz der Bewohner charakterisieren.

Talk to each other!

Ni hao!
Marhaba!

Inhalt

Anhang

Foto:

eine typische villa mit privat tomt („Privatgrundstück")

Vorwort

Schweden erfreut sich als Urlaubsland bei den Deutschen großer Beliebtheit. Das liegt nicht allein am so genannten Bullerbü-Syndrom, einer idealisierten Vorstellung der „guten alten Zeit“, mit Landleben und harter bäuerlicher Arbeit. Schweden ist auch eines der modernsten Länder Europas. Die Schweden gelten gemeinhin als tolerant, aufgeklärt und liberal. Die Universitäten genießen einen guten Ruf, und jedes Jahr machen sich Tausende deutscher Studierender auf den Weg, um ein Auslandssemester in Schweden zu verbringen. Spätestens dann werden Schwedischkenntnisse wichtig. Schwedisch ist eine germanische Sprache, die mit dem Deutschen manche Ähnlichkeit hat, und dann ist doch wieder alles ganz anders.

Die meisten Schweden sprechen sehr gutes Englisch, manche auch Deutsch. Es ist jedoch unabdingbar, sich auf einen Aufenthalt in Schweden auch sprachlich ein wenig vorzubereiten. Dieses Buch richtet sich an Menschen, die schon geringe bis mittlere Vorkenntnisse im Schwedischen haben und sich für die gesprochene Sprache interessieren. Wenn Sie gerade erst angefangen haben, Schwedisch zu lernen, ist für ein Ausprobieren der ersten Wörter vielleicht eher ein Privatlehrer zu empfehlen, als sofort „raus aufs Schlachtfeld“ zu ziehen.

Vorwort

Aufs Englische wird eigentlich nur ausgewichen, wenn jemand noch zu wenig Schwedisch kann und es die Verständigung vereinfacht oder gar erst ermöglicht.

Schweden sind heutzutage sehr daran gewöhnt, dass ihre Sprache mit vielerlei verschiedenen Akzenten gesprochen und von vielen Einwanderern und Touristen gelernt wird. Die Toleranz bei von der Norm abweichenden Aussprachen ist sehr groß. Sobald Sie über absolutes Anfängerniveau hinaus sind, sollten Sie kein Problem haben, in Schweden als Ausländer Schwedisch zu sprechen.

Dieses Buch enthält auch Wörter, mit denen man durchaus vorsichtig sein sollte. Um Slang richtig einzusetzen, braucht man schon etwas Erfahrung, fortgeschrittene Sprachkenntnisse, und nicht zuletzt auch das nötige Fingerspitzengefühl.

Besonders üble Beleidigungen und Flüche sind mit einem Symbol (💣) gekennzeichnet, es sei dringend von deren Nutzung abgeraten. Die Leute sind in dieser Hinsicht definitiv noch wesentlich sensibler als in Deutschland und Dänemark, vor allem in Stockholm. In den anderen Ländern macht man sogar Witze darüber, und es ist eine weitverbreitete Karikatur, dass die Schweden so extrem darauf bedacht sind, niemanden zu beleidigen oder zu diskriminieren. Im Zweifelsfall ist also Zurückhaltung angesagt. Viel Spaß bei der Lektüre,

Marlon Görnert

Jajamän!
Ja, auf geht's!

Svensk mentalitet

Der typische Schwede ist världsöppen *weltoffen* und politisk korrekt *politisch korrekt,* pro invandring och flyktningar *Einwanderung und Flüchtlinge,* und empfinden es als selbstverständlich, dass moderne Geschäfte kontantfria *bargeldlos* sind. Auch Beträge über 2 oder 6 kronor werden självklart med kort *selbstverständlich mit Karte* bezahlt. Hälsokost *gesundes Essen* aus dem nächstliegenden ekologisk mataffär *Bioladen* ist wichtig, denn det känns fräscht *es fühlt sich „sauber"* an.

Man ist gerne etwas vorsichtiger und umsichtig, will auf keinen Fall irgendwelche Regeln brechen und sich möglichst unauffällig verhalten. Kvinnor och män är jämställda *Frauen und Männer sind gleichgestellt,* und zwar in allen Lebenslagen: Frauen kaufen genauso viel (oder wenig) Blumen für die Männer wie umgekehrt, Männer tragen selbstverständlich den Babysitz oder schieben barnvagnar med några polare *Kinderwagen mit ein paar Kumpels* während ihres ihnen gesetzlich gesicherten Papaurlaubs, und osvensk *unschwedisch* ist in Schweden ein positives Wort (in Dänemark wird odansk als negativ aufgefasst.) Eine relativ neue Tendenz ist svenskarnas självförakt, die unerklärliche Selbstverachtung der Schweden, die Auffassung, dass alles aus den USA oder Großbritannien viel cooler als der langweilige, überholte Norden ist. Kunstgegenstände, Religionen, Lebensmittel und ähnliches aus Afrika oder Asien sind schon wegen ihrer Herkunft her spannend und exotisch und symbolisieren eine weltoffene, moderne Denkweise, während torshammare *Thorshammer,* folksvisor *Volkslieder,* dalahästen *Dalapferdchen* und sowieso allt det där nordiska *alles nordische* omodernt *unmodern* und tråkigt *langweilig* ist.

Diese Orientierung zum Ausländischen hat jedoch unterbewusste (aber deutliche) Grenzen. Schweden ist eines der traditionsbewusstesten Länder Europas: att dansa runt majstången *um den Maibaum herumtanzen* ist auf dem Land genauso selbstverständlich wie überall svenska flaggan weht und man gerne in den wunderbaren Stockholmer Schärengarten fährt. Ein beliebtes Freizeitprogramm: åka ut till skärgården och äta pannkakor med sylt *raus in den Schärengarten fährt, Pfannkuchen mit Marmelade essen.*

Härligt med pannkakor i Skärgården! – Toll, Pfannkuchen im Schärengarten!

Ganz tief in der schwedischen DNA: självständighet *Selbstständigkeit, Unabhängigkeit.* Att sköta sig själv *„selber zurechtkommen"* ist Gesetz. Gut gemeintes Anbieten von Hilfe kann manchmal fast als Beleidigung aufgefasst werden, und die Freundin trägt die schweren Einkaufstaschen am liebsten selber: jag sköter mig själv! Jag klarar mig! *Ich schaff' das schon!*

Sverige är landet lagom. „lagom" ist eine Grundvokabel der schwedischen Mentalität, es bedeutet soviel wie „gerade richtig, nicht zu viel und nicht zu wenig" und gilt für alles: kärlek *Liebe*, mat *Essen*, sex, arbete, alkohol, resor *Reisen,* storlek *Größe*, die Liste kennt keine Grenzen.

Viele Skandinavier haben eine erfrischend pragmatische Lebenseinstellung: det är som det är och det blir som det blir, *es ist wie es ist und wird wie es wird*, eine Philosophie, die sich auch in zahlreichen häufig genutzten Redensarten widerspiegelt, dazu später mehr.

Jantelagen

Jantelagen (Jantes Gesetz) ist ein uraltes skandinavisches Konzept, das wohl seinen Ursprung in der Wikingerzeit hat und auf Island, Norwegen, Färöer, Åland, Norwegen, Dänemark und Schweden praktiziert wird. Es hat tiefe Wurzeln in der ganzen sozialen, kulturellen und politischen Gesellschaftsstruktur dieser Länder.

Krass abgekürzt könnte man sagen, dass Jantelagen ein paar grundlegende Lebensregeln umfasst, die auf einen Grundgedanken aufbauen: *glaub nicht, dass du etwas bist, dass du jemand Besonderes bist. Glaub nicht, dass du mehr bist als alle anderen, dass du besser bist. Versuch nicht, besser zu sein.*

Während ein Müllmann und ein Politiker beispielsweise in Deutschland kaum miteinander reden würden oder könnten und in Großbritannien bis heute eine eingefleischte Ständegesellschaft herrscht, duzen sich in skandinavischen Ländern alle, Müllmann und Politiker reden miteinander wie mit allen anderen auch: niemand der beiden ist „besser" oder „schlechter".

Jantelagen *trug dazu bei, dass die Wikingerstämme authentische primitive Demokratien waren, bei denen übrigens die Frauen bereits, für die Epoche untypisch, eine beinahe Allmacht über Haus und Hof sowie ein allgemeines Mitspracherecht hatten. Rechtliche Streiteireien wurden ungeachtet des Ranges der Betroffenen im rundgeformten* ting *gelöst.*

Jantelagen ist in kleineren Dörfern und Städten natürlich stärker vertreten als in kosmopolitschen Metropolen wie Kopenhagen, Oslo oder Stockholm. Wenn man sich aber ein bisschen tiefer mit dieser Mentalität beschäftigt und das (städtische) Miteinander aufmerksam beobachtet, sieht man jedoch seinen Einfluss fast überall – in jedem der erwähnten Länder.

Natürlich hat Jantelagen auch negative Auswirkungen: Als der norwegische Schriftsteller Karl-Ove Knausgård ankündigt, dass er Schriftsteller werden will, reagieren Mitglieder der Familie empört. Was denkt er sich überhaupt, was und wer er ist? Wieso glaubt er, dass er es wert ist, von anderen gelesen zu werden? Weiß er etwas besser als andere? Braucht er nicht normal zu arbeiten? In seiner auch in Deutschland sehr beliebten Romanserie *Min Kamp 1-6* geht er unter anderem auf diesen Aspekt der skandinavi-

dörflich anmutendes Gässchen, nur ca. 15 Minuten zu Fuß von Stockholm Innenstadt

schen Mentalität näher ein und macht ihre Auswirkungen auch für nichtnordische Leser sehr gut nachvollziehbar.

Natürlich sind solche kulturellen Beobachtungen immer generalisierend und gelten niemals für jede einzelne Person, vor allem in Zeiten des självförverkligande livsstil *selbstverwirklichender Lebensstil* und individualismen *der Individualismus.* Trotzdem sind sie im Gesamtbild der Gesellschaft einfach auszumachen und historisch-kulturell erklärbar – und ein sehr unterhaltsames Gesprächsthema.

Form- und Umgangssprache

Im Schwedischen sind die Hierarchien nicht nur am Arbeitsplatz etwas flacher, auch die „offizielle“ Sprache unterscheidet sich in Schweden nicht so stark von der „Vulgärsprache“ wie in vielen anderen Ländern. Wissenschaftliche Texte sind weniger hochtrabend geschrieben und daher auch für nicht Studierte zugänglich. Unterhaltungen mit Unbekannten auf der Straße verlaufen weniger förmlich und mehr wie jede andere Unterhaltung, als es etwa in den deutschsprachigen Ländern der Fall ist.

Verkürzungen und Duzen

Geschriebenes Schwedisch entspricht meistens der gesprochenen Sprache. Gewisse häufig vorkommende Wörter werden aber in fast allen Situationen in der Praxis anders ausgesprochen, als sie geschrieben werden. Meistens werden dabei einfach Buchstaben weggelassen. Das kennen wir im Deutschen auch: „nicht”, gesprochen: „nich'”.

Diese umgangssprachlichen Formen werden von den meisten Leuten im Alltag so verwendet. Als Lernender wird man früher oder später automatisch auch selber anfangen, diese kürzeren Formen zu benutzen.

Normsprache	ugs.	Deutsch
jag	**ja'**	ich
dagar	**dar**	Tage
något	**nåt**	etwas, irgendwas
någon	**nån**	jemand, irgendjemand
en så här, en så där	**en sån hära, en sån dära**	sowas, so'n ...
är	**é**	bin, bist, ist, sind, seid, sind
vad?	**va?**	Was?
bara	**ba'**	nur
vara	**va'**	sein (Grundf.)
sådan	**sån**	so einer
(wenn man auf etwas zeigt)		
skall	**ska**	wird
(Hilfsverb für die Futurform)		
alltså	**asså**	also
staden	**stan**	die Stadt
imorgon	**imorrn**	morgen
sade	**sa**	sagte

Natürlich werden in Schweden alle direkt geduzt und mit dem Vornamen angeredet, auch „Respektspersonen" wie Lehrer, Polizisten usw. Es gibt nur eine Ausnahme: wenn man die Königin, den König, einen Prinzen oder ein anderes Mitglied der schwedischen Königsfamilie zufällig irgendwo treffen sollte, spräche man sie am besten zuerst einmal mit ihren jeweiligen Titel an. Zum König würde man also kungen sagen und zur Königin drottningen. Da die Verben nicht nach Person gebeugt werden, ist die darauf folgende Verbform die gleiche wie bei der Du-Form. In längeren Interviews gehen die meisten Journalisten aber nach einiger Zeit auch bei der Königsfamilie in das „du" über, das Duzen ist also auch in dieser (etwas unwahrscheinlichen) Situation durchaus akzeptabel!

midsommar – einer der absoluten Höhepunkte im schwedischen Jahr, vielleicht sogar noch wichtiger als julen

Låt inte grammatiken skrämma dig!

Lass dich von der Grammatik nicht schrecken!

Das Grammatikheft dokumentiert die gesprochene Sprache, und nicht umgekehrt. Während sich die Sprache weiterentwickelt, müssen auch die Grammatikbücher immer wieder aktualisiert werden. Gewisse oft auftretende Eigenheiten der „jungen" Generation Schwedens klingen laut geltender Grammatik falsch und klingen für viele unangenehm, andere hört man so häufig, dass sich die meisten Menschen schon daran gewöhnt haben. Wenn diese Eigenheiten von genug Menschen für längere Zeit gebraucht werden, werden sie früher oder später zur neuen geltenden Grammatik.

Sobald sich sprachliche Veränderungen einmal durchsetzen und etablieren, werden sie zur Norm. Dies ist eine kurze Zusammenfassung der Geschichte aller Sprachen der Welt.

Hier ein paar der häufigsten, oft nicht als solche erkannten „Fehler", die häufig von jüngeren Sprechern „begangen" werden:

Subjekt statt Objekt

Jag gillar han.	Eigentlich:	**Jag gillar honom.**
Ich mag ihn.		*Ich mag er.*

Hon gick ut med han.
Sie ist mit er ausgegangen.
Eigentlich:
Hon gick ut med honom.
Sie ist mit ihm ausgegangen.

Vill du jobba med han?
Willst du mit er arbeiten?
Eigentlich:
Vill du samarbeta med honom?
Willst du mit ihm arbeiten?

Solche Fehler kommen übrigens interessanterweise oft zusammen mit einer großen Anzahl von Anglizismen vor.
Han / honom *er/ihn, ihm* werden oft durcheinander gebracht, hon / henne *sie / ihr* hingegen fast nie.

många und mycket

Viele Schweden tun sich schwer mit dem Unterschied många *viel/e* und mycket *sehr*. Oft wird mykket gesagt, obwohl många eigentlich korrekt wäre. Obwohl solche Verwechslungen in der gesprochenen Sprache generell akzeptiert sind und kaum Aufmerksamkeit oder Verständnisschwierigkeiten erregen, sollte man sie in geschriebenen Texten vermeiden.

Det var mycket människor i stan.
Das waren sehr Menschen in der Stadt.
Eigentlich:
Det var många människor i stan.
Das waren viele Menschen in der Stadt.
Det var mycket lastbilar på motorväggen.
Das waren sehr LKWs auf der Autobahn.
Eigentlich:
Det var många lastbilar på motorväggen.
Das waren viele LKWs auf der Autobahn.

än + Objekt

Bei Vergleichen mit än *als* werden schnell mal Subjekte mit Objekten mitsamt den entsprechenden Pronomen vertauscht. Peinlich, aber verständlich, ähnlich wie im Deutschen das Verwechseln von „als" und „wie".

Hon är snyggare än dig.
Sie ist hübscher als dich.
Eigentlich:
Hon är snyggare än du.
Sie ist hübscher als du.
Du är rikare än mig.
Du bist reicher als mich.
Eigentlich:
Du är rikare än jag.
Du bist reicher als ich.

att-lose Konstruktionen

In vielen Sätzen, die laut Schulbuch das Wörtchen att *zu* erfordern, wird dieses einfach weggelassen oder regional durch å ersetzt. Das gilt besonders für die komma att-Zukunftsform:

Det kommer bli bra igen!
Es wird werden besser wieder!
Alles wird gut!
Eigentlich:
Det kommer att bli bra igen!
Es wird zu werden besser wieder!
Alles wird gut!

Han kommer delta i melodifestivalen i år.
Er wird teilnehmen im Musikfestival dieses Jahr.
Eigentlich:
Han kommer att delta i melodifestivalen i år.
Er wird zu teilnehmen im Musikfestival dieses Jahr.
Er wird dieses Jahr am Musikfestival teilnehmen.

Die vierte Form des Verbs ohne Hilfsverb att ha

Diese Form ist völlig akzeptabel und in gewissen Konstruktionen sogar obligatorisch, häufig zum Beispiel nach skulle *„sollte"* borde *„sollte"* om *„wenn/falls" und* när *„wenn", also nach „hypothetischen" Voraussetzungen, oder Konjunktiv irrealis. Das wird in vielen Grammatikbüchern für Lernende gar nicht erwähnt.*

Manchmal wird die zusammengesetzte Vergangenheit (Ich habe gemacht etc.) ohne das Hilfsverb att ha gebildet, indem einfach nur die Verlaufsform (Partizip, „Endform") des Verbes genutzt wird. Die vierte Verbform ohne das Hilfsverb ha sieht und hört man überall:

Skulle du gjort det?
Solltest du gemacht das?
Hättest du das gemacht?

Du borde rakat dig!
Du sollen rasiert dich!
Du hättest dich rasieren sollen!

Om jag var du skulle jag ångrat mig.
Wenn ich war du sollte ich bereut mich.
Wenn ich du wäre, hätt' ich das bereut.

Jag kommer åka hem efter jag slutat.
Ich komme fahren nach Hause nachdem ich aufgehört.
Ich werde nach Hause gehen, wenn ich fertig bin.

Schwedische Grammatik ist viel ungefährlicher als Aufzüge, versprochen!

Om vi haft tid, hade vi kunnat hitta på nåt.
Wenn wir gehabt Zeit, hatten wir gekonnt finden auf etwas.
Wenn wir Zeit gehabt hätten, hätten wir was machen können.

När solen gått upp kommer alla fåglar ur sina bor.
Wenn Sonne-die gegangen auf kommen alle Vögel aus ihren Nestern.
Wenn die Sonne aufgegangen ist, kommen alle Vögel aus ihren Nestern.

Barnet skulle fötts för en vecka sen.
Kind-das sollte geboren für eine Woche her.
Das Kind hätte vor einer Woche geboren werden sollen.

Verkürzung mit -is

Vor allem die Stockholmer sind dafür bekannt, alles Mögliche mit -is *zu verkürzen, so wird z. B. der* medborgarplatsen *(ein Platz in Stockholm) zu* medis.

Um ein schwedisches Wort zu verkürzen oder um schnell einen liebevollen Kosenamen für den Partner zu erfinden, vollbringt die Endung -is wahre Wunder. Das Konzept ist dabei sehr einfach:

pussar	Küsse
pussisar	*Küsschen* (pl.)
kondom	Kondom
kådis	*Kondömchen*
dekadent	heruntergekommen
dekis	jemand, der heruntergekommen ist
söt	süß
sötis	Süße/r
full	besoffen
fullis	Betrunkener
bakfull	Kater
bakis	*Katerchen* Kater (nach Alkoholkonsum)
feg	feige
fegis	Feigling
flintskallig	glatzköpfig
flintis	*Glätzchen* Glatzkopf
tjock	dick
tjockis	Dickerchen
dagverksamhet	Kindergarten
dagis	
kondition	Kondition
kondis	(körperliche Verfassung)

Bei Kindergärten, Kondomen und allen anderen Nomen ist -is einfach nur eine umgangssprachliche Abkürzung.

Bei Eigenschaften wie zum Beispiel tjock → tjockis und full → fullis ist die is-Form eine „Abschwächung", die Bedeutung der obigen Beispiele entspräche also in etwa *fettleibig* > *vollschlank* und *richtig betrunken* > *leicht beschwipst*. Die is-Form kann also sowohl als Eigenschaftswort als auch als Anrede benutzt werden:

Han har dålig kondis.
Er hat schlechte Kondi.
Er hat keine Ausdauer.

Hur är det, tjockis?
Wie geht's dir, Dickerchen?

Wie Sie sehen, kann man so ganz einfach aus einem beliebigen passenden Eigenschaftswort eine direkte Anrede, ein Hauptwort oder einen Eigennamen machen. -is ist ein extrem produktives Suffix. Ihrer wortschöpferischen Kreativität sind fast keine Grenzen gesetzt:

(Wort) + -is

Ska vi äta mellis? (mellanmål = *Mittagessen*)
Wollen wir zwischendurch 'ne Kleinigkeit essen?

Ska vi ses en snabbis? (snabb = *schnell*)
Sollen wir uns kurz treffen?

(brådska = *Eile*) **Jag har brådis.**
Ich hab's eilig.

(trött = *müde*) **Jag är en riktig tröttis idag.**
Ich bin heute richtig müde.

Jag måste se en käftis nästa vecka!
Ich muss nächste Woche zum Zahnarzt gehen.

Ursprünglich wurde diese Form wahrscheinlich von Studenten erfunden und die Endung -is dem Lateinischen entnommen – ein ironischer Spaß, der längst zur alltäglichen Norm geworden ist. Manche -is-Wörter sind so normal geworden, dass sich viele gar nicht mehr der „Originalform" bewusst sind. Bei den folgenden Wörtern ist die -is-Form normal, während die ursprüngliche Form manchmal etwas altmodisch klingt und seltener genutzt wird:

kompanjon	→ **kompis**	Kumpel
godsak	→ **godis**	Süßigkeit
gullig	→ **gullis**	Süße
loppmarknad	→ **loppis**	Flohmarkt
känd person	→ **kändis**	Promi
skådespelare	→ **skådis**	Schauspieler

Man kann diese Verkürzung nicht immer mit dem deutschen *-chen* gleichsetzen. Es ist nicht unbedingt ausschließlich „liebevoll", sondern unter Umständen auch ironisch, spöttisch oder belächelnd gemeint. In Stockholm wird es, besonders von jüngeren Leuten, auch ohne ersichtlichen Grund benutzt. Die -is Form wird dann, falls nötig, einfach mit -en (Einzahl) und -ar (Mehrzahl) gebeugt.

Men är de typ bästisar nu eller?
Aber sind die irgendwie Bestchen jetzt oder?
Sind die jetzt beste Kumpels oder was?

De där jävla kändisarna anser sig som så jävla viktiga!
Diese da verdammten Kenntchen ansehen sich als so verdammt wichtig!
Diese verdammten Promis finden sich so unglaublich wichtig!

Det rika svenska språket

Schwedische Sprache, reiche Sprache

Schwedisch ist eine reiche Sprache. Das Svenska Akademiens Ordbok *Wörterbuch der Schwedischen Akademie,* in dem alle schwedischen Wörter seit dem Jahre 1500 dokumentiert werden, umfasst 30 Lexikonbände. Der aktive Wortschatz eines normalen Schweden ist aber selbstverständlich viel kleiner als der im Svenska Akademiens Ordbok, dem „Friedhof der Wörter“.

Eine Eigenart der schwedischen, wie auch der deutschen Sprache, ist, dass man sehr komplizierte Konzepte durch das Vereinen verschiedener Details in einem Wort kurz beschreiben kann. Dieses Zusammensetzen ermöglicht es, selber selbsterklärende Wörter zu erschaffen, um sich verständlich zu machen.

Wortschöpfungen

Einige spontan erfundene Wörter haben sich inzwischen einen festen Platz im allgemeinen Wortschatz erobert. Hier ein paar lustige Neulinge:

rödvinsdjup *Rotweintief*
jemand, der unter Alkoholeinfluss klug-philosophisch daherredet
(att) gnussa
die Nasen liebevoll aneinander reiben

kökspsykologi *Küchenpsychologie*
familiäre pseudopsychologische Analyse des Verhaltens von Bekannten
förkylningsunge *Erkältungsjunges*
noch leichte Erkältung mit Verschlechterungspotenzial
okynnesdricka *ungemütstrinken*
trinken, obwohl einem nicht danach ist
okynnesröka *ungemütsrauchen*
rauchen, obwohl einem nicht danach ist
okynnesäta *ungemütsessen*
essen, obwohl einem nicht danach ist

Steigerung

Neben der Steigerung nach Grammatik gibt es eine Reihe Vorsilben, mit denen man jedes beliebige Eigenschaftswort steigern kann. Das Adjektiv wird einfach hinten angehängt. Das gibt es im Deutschen auch, z. B. „saukalt", „hundemüde" usw. Hier einige allgemeine Verstärkungspräfixe:

as- *Aas*	**skit-** *scheiße-*
mega-	**super-**
jätte- *Riese*	**kanon-**
ur- *aus-*	**döds-** *todes-*
världs- *welts-*	**toppen-** *super-*
storm- *sturm-*	**hyper-**
tvär- *quer-*	**svin-** *schweine-*
ultra-	**topp-** *top-*

Interessanterweise bilden scheinbar gegensätzliche Eigenschaftswörter oft zusammen eine neue, gesteigerte Bedeutung:

skitgott *scheißlecker*	superlecker
asbra *aasgut*	supertoll
jätteliten *riesenklein*	superklein, winzig

Man kann sich also seine Lieblingsvorsilbe aussuchen. Am häufigsten wird aber jätte benutzt, und mit jätte + Eigenschaftswort zur Steigerung kann man nie was falsch machen. Hier noch ein paar Beispiele.

dödshungrig *tothungrig*	mordshungrig
jättefin *riesenschön*	superhübsch, schön
jätteliten *riesenklein*	winzig
fett snygg *fetthübsch*	superhübsch
svinbra *schweinegut*	echt klasse
asläcker *aasgeil*	supergeil

Manche Eigenschaftswörter werden mit sten- *(Stein-)* und spräng- *(Spreng-)* gesteigert:

sprängfull	*sprengbesoffen*
sprängläd	*sprenggelehrt*
sprängkåt	*sprenggeil*
stenhård	*steinhart*
stenrik	*steinreich*

Im Schwedischen kann man, Überraschung, auch Verben steigern! Einfach ein passendes Eigenschaftswort vor das Verb stellen, daraus ein Wort machen und schon werden alle wissen, was gemeint ist:

vrålhångla *brüllrummachen*	sehr intensiv und geräuschvoll rumknutschen
fethaja *fettkapieren*	den ganz großen Durchblick haben
storstäda	großputzen, großreinemachen

Man muss natürlich nicht unbedingt die Handlung vergrößern, man kann sie auch einfach metaphorisch untermalen:

tokköra *verrücktfahren*	wie ein Verrückter (Auto) fahren
tjuvknulla *diebficken*	fremdgehen

Verbbildung

Übrigens kann man in der schwedischen Sprache durch das Anhängen der Endung -a ganz einfach aus jedem Wort ein Verb machen – sehr praktisch!

disk	Abwasch
diska	abwaschen
fimp	Kippe
fimpa	aschen

Das geht auch mit englischen Wörtern:

micra	in der Mikrowelle backen
sms:a	simsen
tippexa	mit Tipp-Ex entfernen
faxa	faxen
mejla	mailen
messa	SMS schreiben

Hier eine Auswahl von aus Nicht-Verben gebildeten Verben:

Alle diese Verben folgen, wenn nicht anders angegeben, dem Schema -ar, -ade, -at.

jula *weihnachten*	Weihnachten feiern
öla *bieren*	Bier trinken
glassa	Eis essen
smöra	buttern
sjukfuska *krankschummeln*	sich krank stellen (fusk = *Betrug*)
mansgrisa *Mannschweinen*	sich Frauen gegenüber unmöglich benehmen

matvägra *essenweigern*	sich weigern, zu essen
våldgästa *gewaltgästen*	sich als Gast aufdrängen
lyxa *luxen*	mal was Luxuriöses machen
dua	duzen
helga *wochenenden*	Wochenende machen
vinterbada *winterbaden*	im Winter draußen baden
sega *zähen*	nicht aus den Federn kommen
bila *auto-en*	mit dem Auto fahren
tåga *zugen*	Zug fahren
flumma (flummig = *unseriös*)	unkonventionelle Dinge tun
småsova -er *kleinschlafen*	dösen

Verbbildung mit -na

Soll ein Adjektiv zu einem Verb werden, kann man einfach -na anhängen. Das drückt das Übergehen in einen anderen Zustand aus.

gul	gelb
gulna	gelb werden
ledsen	traurig
ledsna	traurig werden
trött	müde
tröttna	ermüden
röd	rot
rodna	erröten

Auch diese Verben folgen dem Schema -ar, -ade, -at.

Das Verb att få

att få ist ein sehr vielseitiges Verb. Je nach Kontext kann es „müssen, dürfen, kriegen“ und „können“ bedeuten. Oft kommt es in praktischen, feststehenden Redewendungen vor:

Nu får du ta det lugnt!
Jetzt darfst du nehmen das ruhig!
Jetzt komm aber mal runter!

Får jag vara med en stund?
Darf ich sein mit eine Weile?
Habt ihr was dagegen, wenn ich ein bisschen hier bin?

Får jag ta mer?
Darf ich nehmen mehr?
Darf ich nachnehmen?

Kan jag få mer?
Darf ich kriegen mehr?
Darf ich mehr kriegen?

Nej men så får man ju inte göra!
Nein aber so darf man ja nicht machen!
Sowas darf man ja nicht machen!

Får man parkera här eller?
Darf man hier parken oder?
Darf man hier parken?

Vad fick du i julklapp?
Was kriegtest du in Weihnachtsgeschenk?"
Was hast du zu Weihnachten gekriegt?

Indirekte Rede

Indirekte Rede à la „Und ich so ... und er so ... gibt es auf Schwedisch auch: mit ba', von bara *nur* nach dem jeweiligen Personalpronomen.

och han ba'... *und er nur ...*	und er so ...
och jag ba'... *und ich nur ...*	und ich so ...
och hon ba'... *und sie nur ...*	und die dann so...

Och han ba' vill du hänga med eller?
Und er nur, willst du hängen mit oder?
Und er so, willst du mitkommen oder?

och ja' ba' ja,
und ich nur ja
und ich so: ja,

och han ba' najs,
und er nur nice
und er so: cool,

och ja' ba' vart ska vi?
und ich nur wohin sollen wir?
und ich so: wohin sollen wir denn gehen?

Att säga ja och nej på svenska

Ja- und Nein-Variationen

Interjektionen, das heißt „Zwischenrufe“ als kommunikatives Mittel, sind im Schwedischen ein wichtiges Thema. Sie werden die ganze Zeit benutzt und gehören in allen Situationen zur Unterhaltung hinzu. Es ist eines der hervorstechendsten Merkmale der schwedischen Sprache, und Schweden sind auch außerhalb Skandinaviens für ihre urplötzlich ekstatisch aufschreienden a-Laute bekannt.

Auch das unscheinbare Wort ja ist ein echter Alleskönner und tritt in mancherlei Kleid auf. Die beiden wichtigsten Ausrufe sind zweifellos jaha! / jaha? / jaha?! und aa. Je nach Betonung und Gesprächssituation kann jaha (alternativ jaså, sowohl a als auch å sind hier kurz!) verschiedenes ausdrücken (es ähnelt sehr dem deutschen „Ach so!“, wird aber generell noch häufiger genutzt):

1. Verwunderung, Überraschung, Kenntnisnahme einer neuen Information
„soso“, „aha!“, „Sag bloß!” (überrascht)

Hierbei wird das zweite lange a besonders in die Länge gezogen und darf dabei gerne eine Welle durch mehrere Töne der Tonleiter schlagen. Achtung! Beide „a“ sind lange Vokale, also unbedingt ein dunkles schwedisches „a“!

Jag fick tentan tillbaka idag. – Jaha!
Ich kriegte Prüfung-die zurück heute. Jaha!
Ich habe heute die Arbeit zurückgekriegt.
– Ach ja? Und, wie sieht's aus?

Tobias fick på käften efter skolan. – Jaha!
Tobias kriegte auf Maul-das nach Schule-die. Jaha!
Tobias hat nach der Schule einen auf die Fresse gekriegt. – *Och, wieso denn das?*

Jag och Stefan ska flytta till Bollnäs snart – Jaså!
Ich und Stefan werden umziehen nach Bollnäs bald. Ja so!
Stefan und ich ziehen bald nach Bollnäs.
– Ah, warum wollt ihr denn da hin?

Auf Schwedisch ist es normal, sich selbst zuerst und dann andere zu nennen – die Regel „Der Esel nennt sich zuerst" gilt in Skandinavien also nicht!

Besonders junge Damen zwischen 20 und 35 Jahren reißen hierbei häufig die Augen auf und rufen mit gerundeten Lippen voller aufgebrachter Inbrunst ihr jaha aus, auch die Konsonanten „j" und „h" werden klar ausgesprochen!

2. Skepsis

„Sag bloß!"(sarkastisch)
und „Na!" (zweifelnd)
(„Na, das glaub' ich aber nicht so ganz!")

Um skeptisch, leicht vorwurfsvoll oder gar verwerfend zu klingen, reagieren Schweden auf das Gesagte mit einem jaha, dessen erstes „a" etwas länger als gewohnt ist, dann machen sie eine kurze Pause und stoßen kurz das zweite „a" hinterher, um danach in Schweigen zu verfallen und gegebenenfalls unterstützend die Stirn zu runzeln. Bei Bedarf wiederholen sie danach mit neutralen Ton das von ihnen Bezweifelte als Frage (siehe unten).

Jag tror jag struntar i utbildingen. – Jaha.
Ich glaub, ich lass' das mit der Ausbildung. Na!
(wie kommst du denn auf eine so beschissene Idee?)

Jag ska bli astronaut istället.
– Jaha, (ska du?)
Ich werd' einfach Astronaut.
– Ja, wirst du das? *(Ach, glaubst du das wirklich? Das werden wir ja sehen!)*

Han sa att du är elak. – Jaså, (sa han det?)
Er hat gesagt, dass du gemein bist.
– Ja so, sagte er das? *(Ach, meint er das? Wie kommt er denn darauf?)*

Wenn es im Satz des Gesprächspartners ein verneinendes inte / icke / ej *nicht* oder ingen / inga / inget *kein* gibt, kann man alternativ mit einem wie oben beschrieben betonten nähä reagieren. Nähä ist dabei die Antwort, es wird also nicht bekräftigend genutzt, um die eigene Abneigung zu unterstreichen.

Jag följer inte med på resan. – Nähä!
Ich komme nicht mit auf die Reise. – Nicht?!
(Oh! Warum denn nicht?
Das hätte ich aber nicht erwartet!)

Jag gillar inte den där korven. – Nähä!
Ich mag diese Wurst nicht. – Nicht?!
(Echt nicht? Ich war mir sicher, sie würde dir schmecken!)

De har inga heta brudar i Finland assså. – Nähä, (har de inte det?)
Die haben echt keine hübschen Mädels in Finnland. – Nicht?! *(Kaum zu glauben!)*

3. Einsehen eines Fehlers und Begreifen eines schwierigen Sachverhaltes
(„Ach sooo!") („Aah!")

Wenn Sie durch die Unterhaltung mit ihrem Gesprächspartner über einen Irrtum ihrerseits aufgeklärt werden, nach langem Nachdenken einen Geistesblitz haben oder endlich eine komplizierte Matheformel verstehen, verkünden Sie ihre Einsicht und neu eroberte Erleuchtung mit einem jaha, das dem der Verwunderung ähnelt. Dafür ist es nicht unbedingt notwendig, einen Dialog zu führen. Man kann nachdenkliche Schweden, die allein sind und sich unbeobachtet fühlen, mit ein bisschen Glück dabei beobachten, wie sie aus heiterem Himmel völlig unerwartet jaha rufen.

Du, man måste göra det på det här sättet förstår du ... – Jaha!
Guck, du musst das so machen. – Jaha!
(Ach so! Jetzt kapier' ich!)

Om man smörjer in händerna så torkar de inte ut så snabbt. – Jaha!
Wenn man die Hände eincremt, trocknen sie nicht so schnell aus. – Jaha! *(Ah! Guter Tipp!)*

Det är förbjudet att fimpa i bussätet. – Jaha!
Es ist verboten, die Kippe in den Bussitzplatz zu drücken. – Jaha! *(Ah! Na, dann lass ich das lieber sein!)*

4. Unsichere Stellungnahme

Das schwedische jaha ist ein echtes Multifunktionswerkzeug. Es dient nicht nur als Antwort auf das, was jemand anders gesagt hat, sondern auch zur Einleitung einer unsicheren Stellungnahme, einer Vermutung, Theorie oder auch einer etwas gewagten Idee ... Nach jaha geht die Mutmaßung dann meistens mit så ... *(so)* oder men, ... *(aber)* weiter. Das lässt sich im Deutschen am Ehesten mit einem nachdenklichen *„hmm"* vergleichen.

Jaha, så de kanske bara inte trivs här.
Hmm, vielleicht sind die hier einfach unzufrieden.

Jaha, men visst är det okej att röka där borta istället?
Ah, okay, aber man kann wohl da drüben rauchen?

Jaha, så ni vill köpa lördagsgodis redan två dar före helgen?
Ah, ernsthaft, ihr wollt also schon zwei Tage vorm Wochenende Samstagsnaschereien kaufen?

Ansonsten kann man eigentlich immer jaha rufen, wenn man findet, dass das zur Situation passt. Wenn Sie im Deutschen etwas wie *ach ja, sag' bloß!, nun ja, echt?, ernsthaft?, och!, na sowas* etc. sagen würden, rufen Sie also einfach jaha.

Ein häufig aufkommender Anlass ist auch ein längeres Schweigen nach einem Gespräch – vor allem von älteren Leuten wird das Thema oft nach einer Gesprächspause mit einem abschließenden Jaha! aus dem Nichts beendet.

Ein anderes sehr wichtiges und nützliches Wörtchen ist ein in die Länge gezogenes aa – selbstverständlich ein dunkles schwedisches „a", dieser Laut muss unbedingt beherrscht werden! aa ist eine Kurzform von ja und wird genauso benutzt. Außerdem wird während eines Gespräches durch regelmäßiges aa ausgedrückt, dass man dem Gesprächspartner aufmerksam und interessiert zuhört.

Ska vi ta upp det här på nästa möte?
Sollen wir nehmen auf das hier bei nächstes Treffen?
Sollen wir das beim nächsten Treffen besprechen?

Aa det är nog en bra idé.
Ja, das ist wohl eine gute Idee.
Ja, das ist 'ne gute Idee.

Weitere Ja- und Neinvariationen

Wenn Sie viel Schwedisch hören und lesen, werden Sie bald merken, wann welche Ausrufe benutzt werden.

Jajamän!	Ja, auf geht's!
Jadå!	Ja, was anderes käme ja kaum in Frage!
Jo!	Doch!
Ja du!	Da kannste mal sehen!
Ja men ...	Ja aber ... (Einleitung für einen Einwand)
Ja men verkligen!	Aber echt!
Jajamänsan!	Ja aber los!
Nämen oj!	Oh-oh! Ups!
Nejdå.	Nein, eher nicht.
Nämen!	Ausruf der Verwunderung, wenn man z. B. jemanden nach längerer Zeit unverhofft wiedersieht
Nämen alltså ...	Also wirklich ... (tadelnd)
Nämen va?!	Ernsthaft jetzt?
Nähä?	Echt nicht?
Nähä!	Ach nein?!

Ska vi hugga ved igen?
Sollen wir nochmal Holz hacken gehen?

Jajamän!
Ja, auf geht's!

Nämen du! Det var längesen!
Nein-aber du das war lange-her
Oh, das bist ja du! Lange nicht gesehen!

Gud, du är så duktig på att sy ...
Gott, du bist so tüchtig auf zu nähen
Boah, du bist so gut im Nähen ...

Ja du, ser man på, även vi gamlingar duger nåt till va?
Ja du, guckt man drauf, sogar wir Alten taugen etwas zu ne?
Ja, da siehste mal, dass auch wir Alten zu was taugen, ne?

Idag ska jag inte hjälpa till när du städar. – Nähä!
Heute helfe ich nicht, wenn du putzt. – Nei-hein!
(Ach, das glaubst du doch wohl selber nicht?!)

Du får inget godis idag du.
Du kriegst heute keine Süßigkeiten.

Jo men jag vill!
Doch aber ich will!
Ich will aber!

Die Ausrufe sind von Natur aus impulsiv und spontan und machen, unter anderem, die Sprache lebendig. Sie werden schnell ein Gefühl dafür entwickeln und bald auf alle Situationen echt schwedisch reagieren können!

Han, hon, hen ...

Wer ist wer?

Die Bemühungen um geschlechtliche Gleichberechtigung sind allerdings ein relativ neues Unterfangen. Man sieht an vielen Berufsbezeichnungen (und den nicht existierenden weiblichen Versionen derselben) deutlich, wie die traditionelle Rollenverteilung aussah.

In Schweden ist die Gleichberechtigung aller Mitglieder der Gesellschaft und gegenseitige Toleranz sehr wichtig. Feminism ist Norm, nirgendwo sind Männer mit Zöpfen und Kinderwagen häufiger anzutreffen, und Leute unkonventionellen Geschlechts haben ein eigenes Personalpronomen: hen.

„Hen" sind Menschen, die weder eindeutig hon noch han sind, und es wird auch in Texten als geschlechtsneutrales Personalpronomen genutzt. Die darauf folgenden Verbformen werden natürlich genau wie immer gebeugt.

Dass viele so PK, politisk korrekt, sind, stört hier nur wenige, meistens Wähler der SD, Sverigedemokraterna (Schwedendemokraten).

Für traditionell „weibliche" Berufe gibt es für Frauen eine eigene, spezifisch weibliche Form:

kassörska	Kassiererin
städerska	Reinigungsfrau
nunna	Nonne
piga	Magd
dansös	Tänzerin

Die ursprünglich maskuline Endung -are ist heutzutage nicht mehr ein könsmarkerat yrkesord *geschlechtsmarkierende Berufsbezeichnung*, sondern gilt als könsneutral *geschlechtsneutral*. Wenn man ausdrücklich sagen will, dass ein **författare** *Schriftsteller* oder **forskare** *Forscher* weiblich ist, kann man das mit **-inna** tun: **författarinna, forskarinna.** Das sind aber keine offiziellen Berufsbezeichnungen, sondern rein umgangssprachliche Formen. Die Geschlechtsneutralisierung traditionell spezifisch männlicher Titel geht auch umgekehrt: auch männliche **sjuksköterskor** *Krankenschwestern* und **barnmorskor** *Tagesmütter* werden öfter **manlig sjuksköterska** und **manlig barnmorska** genannt, als es ihnen vielleicht lieb ist.

Generell tendieren alle Berufsbezeichnungen dazu, geschlechtsneutral zu werden. Bis vor kurzem gab es für von der Gesellschaft als ausschließlich männlich angesehene Berufe nur eine maskuline Form:

advokat	Anwalt
ekonom	Ökonom
teolog	Theologe
filosof	Philosoph

Oder auch eine sehr ausladend männliche Form ohne weibliche Entsprechung:

affärsman	Geschäftsmann/frau
talman *Redemann*	Redner/-in
vetenskapsman *Wissenschaftsmann*	Wissenschaftler/-in
brandman *Brandmann*	Feuerwehrmann/-frau
norrman *Nordmann*	Norweger/-in

Der „Norweger" ist ein Sonderfall, wörtlich „Mann aus dem Norden". Alle anderen Bezeichnungen mit -man *beziehen sich auf Berufe.*

Wie man mit diesen -man-Begriffen umgehen soll, ist noch nicht ganz klar, da sie offensichtlich schwieriger zu neutralisieren sind. Die -fru Version hat sich jedenfalls nicht durchgesetzt. Wenn man wirklich deutlich machen will, dass es sich um eine Philosophin, eine Polizistin oder eine Feuerwehrfrau handelt, wird das Adjektiv kvinnlig *weiblich* verwendet.

en kvinnlig polis *ein weiblicher Polizist*	Polizistin
en kvinnlig politiker *ein weiblicher Politiker*	Politikerin
en kvinnlig brandman *ein weiblicher Feuerwehrmann*	Feuerwehrfrau

Det var en kvinnlig polis som sköt den misstänkta kvinnan.
Es war eine Polizistin, die die verdächtigte Frau erschossen hat.

Generell ist man sich in Schweden aber weitgehend einig, dass das Geschlecht der Professionellen keine Rolle spielt.

En kvinnlig politiker har orsakat världens uppror inne i riksdagen igår.
Eine Politikerin hat gestern ein tierisches Spektakel im Reichstag verursacht.

Dagens hjälte är en kvinnlig brandman.
Eine Feuerwehrfrau ist die Heldin des Tages.

Wenn man als Frau seine Nationalität nicht als Adjektiv angeben will, jag är svensk / tysk / norsk *Ich bin schwedisch / deutsch / norwegisch*, sondern sagen möchte, dass man eine Deutsche, Schwedin oder Norwegerin ist, nutzt man folgende Nationalitätsbezeichnungen:

Jag är en ...
ich bin eine
Ich bin ...

svenska *schwedische*	Schwedin
tyska *deutsche*	Deutsche
österrikerska *österreichische*	Österreicherin
norska *norwegische*	Norwegerin
danska *dänische*	Dänin
schweizerska *schweizerische*	Schweizerin

Die Subjekte des modernen Schwedisch kennen nur zwei grammatikalische Geschlechter: *Utrum* und *Neutrum*. Früher gehörten aber viele Hauptwörter entweder zu hon oder han, sie hatten also ein weibliches oder männliches Geschlecht, genau wie im Deutschen. Das ist in einigen nordschwedischen Dialekten übrigens immer noch so. In der Standardsprache gibt es das aber nicht mehr – nur bei ein paar wenigen Wörtern hat sich dieser Archaismus in ganz Schweden gehalten: människan *der Mensch* und klockan *die Uhr* sind hon, hunden *der Hund* ist han und katten *die Katze* ist hon.

Abgesehen von diesen charmanten Ausnahmen gilt: auf -en-*Wörter bezieht man sich mit* den, *auf* -et-*Wörter mit* det.

Hur mycket är klockan? Hon är mycket.
Wie viel ist Uhr-die? Sie ist viel.
Wieviel Uhr ist es? Spät.

Kleine, nützliche (Füll)wörtchen

Unentbehrlich und sehr hilfreich sind diese kleinen Füllwörtchen, die uns dabei helfen, den Redefluss nicht zu unterbrechen, wenn man zwischendurch kurz nachdenkt.

Besonders häufig: liksom *so wie* (wird genau wie das Englische *like* benutzt). Auf Deutsch kann man liksom genau wie typ mit „einfach", „so" und vor allem „halt" vergleichen.

Andere Füllwörtchen sind:

en sån där, en sån ... , sånna ...	So'n ...
Hur var det nu igen ...	Wie war das jetzt nochmal?
du vet, du fattar	Du weißt, was ich meine.
så att äh ...	Ähm ... ja ...
sådär liksom	so irgendwie
helt enkelt	ganz einfach, halt
helt utan vidare, bara sådär	einfach so

Är du typ sur nu eller?
Bist du Typ sauer jetzt oder?
Bist du jetzt irgendwie sauer oder was?

Det där är liksom inte okej, liksom jag vet att de är fattiga, men ändå liksom …
Das ist sowie nicht okay, sowie ich weiß dass sie sind arm aber trotzdem sowie.
Das da ist voll nicht okay, also, ich weiß, dass die arm sind, aber trotzdem ey …

Wenn man ein Wort sucht, kann man statt dem internationalen ääh / ööh auch va'hetteräää (vad heter det) *was heißt das* sagen, um Zeit zu schinden. Das kann aber auch schnell nervig werden! Vadhetterä entspricht unserem „wie sagt man, lass mich nicht lügen, wie soll ich sagen" etc.

Angelkarten gibt's nur noch online

Svengelska

Anglizismen

Es sind nicht etwa nur neue oder abstrakte Phänomene, etwa aus der Computerwissenschaft, die mit englischen Begriffen beschrieben werden, anstatt neue, schwedische Wörter für neue Dinge zu erfinden. Auch völlig alltägliche Situationen, für die es im Schwedischen genug Ausdrücke gibt, werden gern verenglischt. Generell haben Menschen mit begrenztem Wortschatz und schlechten Englischkenntnissen eine bizarre Tendenz, besonders viele Anglizismen zu benutzen.

Das Schwedische leidet, wie alle anderen germanischen Sprachen (außer dem Isländischen) unter einer seit mehreren Jahren sehr modernen Welle von Anglizismen und zusammenhanglosen Sätzen auf Englisch, die vor allem Jugendliche, aber zunehmend auch erwachsene Menschen aus unerklärlichen Gründen sehr gerne benutzen. Dabei kennen sie keine Grenzen. Manchmal werden ganze Redewendungen oder auch banale Wörter aus dem Nichts auf Englisch gesagt. Meistens handelt es sich einfach um einen Versuch, sich international, världsvan *weltgewohnt* und vielgereist zu zeigen.

Jag såg nåt klipp igår med nån *dude*.
Ich habe gestern ein Video mit so'nem *Typen* gesehen.

Först måste vi se om det är *safe* där, annars tycker jag det är lite för *scary*.
Zuerst müssen wir sehen, ob es da *sicher* ist, sonst find' ich das ein bisschen zu *unheimlich*.

Senap har riktigt mycket *taste*.
Senf hat richtig viel *Aroma*.

Tycker du att det är *weird* om jag bara börjar följa honom på instagram?
Findest du das *komisch*, wenn ich ihm einfach auf Instagram folge?

Blusen sitter lite *tajt*.
Die Bluse sitzt ein bisschen *eng*.

Ein weiteres Phänomen ist eine försvenskning *Verschwedischung* von englischen Wörtern:

chilla (statt hänga)	rumhängen
kidsen (statt barnen)	die Kinder
newsen (statt nyheterna)	die Nachrichten
brief -et (statt kort sammanfattning)	kurze Zusammenfassung
swisha (statt skicka pengar via Swish)	via Swish Geld schicken
skypa	„skypen“
blogga	„bloggen“
messa (statt skriva meddelanden)	Nachrichten schreiben
najs (statt fint)	schön

Kan du briefa mig? *„Kannst du mir eine kurze Zusammenfassung geben?“ (von engl. „brief“)*

Auf diese Weise kann man, wenn es wirklich nicht anders geht, sehr einfach aus einem englischen Wort ein schwedisches machen. Diese Verben funktionieren dann nach dem Modell -ar -ade, -at.

Die schwedisch-englische Mischsprache und Englisch mit starkem schwedischem Akzent werden svengelska genannt, das entspricht unserem „Denglisch“. Dass dabei das Schwedische und das Englische gleichzeitig „geschlachtet“ werden, sei hier nur nebenbei erwähnt.

Svenska dialekter

Schwedische Dialektvielfalt

Die von Lübeckern gegründete schwedische Hauptstadt ist das Tor zur Welt. Neuheiten, Mode und die Welt kommt zuerst nach Stockholm und von da aus in den Rest des Landes.

Stockholmska

Der klassische Stockholmer klingt leicht nasal, mit langen e-Lauten und schrillem langem „i", ein bisschen stöddig *selbstherrlich*, pampig *(pampig)*, kaxig *(angeberisch)*, överlägsen *überlegen* und värdsvan *weltgewohnt* als cooler Hauptstadtbewohner – so sehen ihn zumindest die aus Sverige utanför tullarna *Schweden außerhalb der Mautzone*, also die Landbevölkerung.

Im großstädtischen Straßenverkehr kann es dann auch mal zu Kommentaren kommen wie:

Stockholmare! Vilket jävla pack!
Stockholmer! Welch Teufelspack!

Dabei ist es fast unmöglich zu sagen, wie stockholmska eigentlich klingt. Stockholm ist in viele Stadtteile mit einem jeweiligen Milieu und Soziolekt aufgeteilt. Die reichen tanter och gubbar på Östermalm *Omas und alten Säcke* sprechen piekfein, typischerweise mit „e" statt „ä" und „sch" statt allen sje-ljuden, während die alternativen

„Söder-Hipster" im alten Arbeiterquartier Södermalm södersnacket sprechen. Stockholm hat sich in kurzer Zeit sehr verändert, aus einer ethnisch homogenen Bevölkerung (Schweden und Finnen) ist eine internationale Stadt geworden, was sich nicht nur auf die Vielfalt der diversen Restaurants, sondern auch auf gewisse Soziolekte in den Vororten ausgewirkt hat.

Stockholm

Stockholm alltid före Sverige,
Stockholm immer vor Schweden,
det trendiga i världen före Stockholm.
das Trendige in der Welt vor Stockholm.
Om nåt slår i Stockholm exploderar det i landet!
Wenn was in Stockholm einschläft,
explodiert das Land!

Skånska

Skånska ist einer der größten und lebendigsten Dialekte und sie werden ihn definitiv hin und wieder hören. Skånska ist der Oberbegriff für verschiedene Dialekte, die in der platten, kalk- und sandstrandgepägten Landschaft der Provinz Schonen und teilweise in der Provinz Småland gesprochen werden. Malmö ist die größte Stadt der Region, die erst verhältnismäßig spät schwedisch wurde. Schonen war bis zu diversen Kriegen um die Gegend dänisch, offizielle Sprache war Dänisch und auch die Kultur ist bis heute dänisch und europäisch geprägt. Die Leute, die ihr

Malmö

ganzes Leben Dänisch gesprochen hatten, wurden auf einmal Schweden, und mit ihnen wurde ihre Mundart umgetauft: Skånska war ab 1658 plötzlich nicht mehr Dänisch, sondern Schwedisch. Das phonetisch und lexikalisch am wenigsten manipulierte Skånska kann man übrigens auf der dänischen Insel Bornholm hören.

Durch den frühen Einfluss der Schriftsprache in modernen Zeiten ist Dänisch-Skånska immer weiter försvenskat *verschwedischt* worden, ein gewisses kontinentales Erbe ist aber bis heute deutlich herauszuhören. Sie sprechen ein dänisches (= deutsches, französisches) „r" skorrande r, sie sprechen langsamer und singen weniger. Sje-ljudet, der schwedische „sch"-Laut, hört sich mehr wie ein deutsches „ch" wie in „Buch" an. Vor allem versuchen sie, bei allen Wörtern auf jeden einzelnen Vokal möglichst alle 9 schwedischen Vokale gleichzeitig auszusprechen: bok- *Buch* „båouk", slut- *Schluss-* „sluiot" grovt- *(grob-, schwer-, stark-, übel-)* „grouvt"

Neben der dänisch anmutenden Landschaft sind auch andere Dinge mehr kontinentaleuropäisch als skandinavisch: Es gibt bordservering (man bestellt beim Kellner und nicht, wie sonst in Skandinavien üblich, an der Kasse), man isst viele korvar *Würstchen* und nach typischen röda stugor *roten Villen* sucht man vergebens, stattdessen findet man bis zur zentralsmåländischen Grenze, wo das „richtige Skandinavien" anfängt, nur dänisch-norddeutsche korsvikeshus *Fachwerkhäuser*. Es gibt tatsächlich einen „rote-Villen-Gürtel", ab dem die unzähligen, immer gleich roten Häuser anfangen, die bis zum Polarkreis die Landschaft prägen. Auch in den Details scheint viel Dänisches durch: der „kleine Platz“ in Malmö heißt, wie in Kopenhagen, lille torg und nicht etwa lilla torget (mit schwedischer dubbelbestämd form *doppeltbestimmter Form).*

Skånska ist der Dialekt som får mest stryk, der „am meisten auf die Schnauze“ kriegt: Gemeinhin wird er als hässlich und unangenehm betitelt. So überlegen viele Schweden, wie die skåningar wohl klingen würden, wenn sie svalde gröten i halsen? *die Grütze im Hals runterschlucken würden.*

Nur den Wenigsten ist dabei bewusst, dass sie damit – indirekt und ungewollt – eine Tradition jahrelanger, nicht immer scherzhafter und bisweilen brutaler försvenskning *Verschwedischung* fortsetzen. Eine Tradition, die nach der schwedischen Eroberung Schonens ihren Anfang nahm und neben allgemeiner Diskriminierung auf allen erdenklichen Ebenen auch Deportationen in baltische Territorien beinhaltete.

Småländska

Aus småländischen Geschichten von Astrid Lindgren entstand das deutsche „Bullerbü-Syndrom”: die romantisierte, utopische Vision eines ländlichen, unberührten Schwedens. Småland ist eine arme Region mit der Hauptstadt Kalmar, ein unfruchtbares Grenzgebiet zwischen südlichem Kalkboden, Granit und skandinavischem Wald. Småland ist ein Arbeiterland, und die Vorstellung, was einen typischen smålänning ausmacht, lässt sich mit ein paar Attributen und Maximen zusammenfassen:

hederlig	ehrenhaft
snäll	freundlich
arbetsam	arbeitsam
och alltid flitig	und immer fleißig
moralisk	moralisch
vara självständigt	selbstständig sein
inte vara märkvärdig	nicht komisch sein
strävsamhet	Strebsamkeit
hederlighet	Ehrenhaftigkeit
inte fara	*nicht mit Unwahrheit*
med osanning	*fahren* ehrlich sein

Småland hat die meisten Kirchen in Schweden und eine herausstechend hohe Anzahl praktizierender Protestanten in der svenska kyrkan im eigentlich gänzlich atheistisch geprägten Norden. Die småländischen Dialekte an sich klingen wie ein mehr gesungenes, am Ende der Silben hochhüpfendes Skånska.

Finlandsvenska

Finnland hat mehr als 600 Jahre zum schwedischen Reich gehört, und das nicht-indoeuropäische Finnisch ist eine der fünf offiziellen Minderheitensprachen Schwedens (Finnisch, Meänkieli, Jiddisch, Samisch, Romani). Finnen sind die größte nicht-germanische ethnische Gruppe

Die schwedischsprachige Bevölkerung Finnlands rühmt sich damit, eine unverfälschte, archaische Version des Schwedischen zu sprechen, das „eigentliche" Schwedisch, wie es einst Gustav Vasa sprach. Die Wahrheit solcher Behauptungen ist allerdings weder zu beweisen noch zu widerlegen.

in Schweden und überall zu treffen. Im zweisprachigen Finnland ist Schwedisch Nationalsprache. Alle Dokumente und öffentliche Informationen müssen in beiden Sprachen verfügbar sein, und Schwedisch ist Pflichtfach für alle finnischen Schulkinder.

200.000 Finnen, die sogenannten finlandssvenskar, sprechen im österbotten *die Ostküste* außerhalb von Helsinki vor allem an der finnischen Westküste Schwedisch als Muttersprache, auf der autonomen Inselgruppe Åland ist Schwedisch die einzige Sprache. Der Akzent der Finnen ist sehr einfach zu erkennen, die Betonung und Satzmelodie klingt wie Finnisch. Wenn man herausfinden will, ob ein Finne Schwedisch als Mutter- oder Fremdsprache hat, gibt es einen einfachen Trick: Finnischsprachige Finnen können meistens keine zwei Konsonanten nacheinander aussprechen, Wörter wie kvitto *Kassenzettel* werden vitto *(ähnlich finn.* vittu *Fotze, auch gebraucht als Ausruf im Sinne von Verdammt! oder Scheiße!).* Weiche Vokale werden hart, ganska *(ziemlich)* wird *„kanska"*, dum *(dumm; böse)* wird *„tum"*. Solche Ausspracheschwierigkeiten hat die finlandsvenska befolkningen natürlich nicht. Wenn Sie diesen Akzent einmal hören, werden Sie bestätigen:

Finlandsvenskarna låter alla som författare, så litterära!
Finnlandschweden klingen alle wie Schriftsteller, so litterär!

Förortssvenska

Schweden hat in den letzten Jahren eine enorme Einwanderungswelle aus arabischen Ländern, der Türkei, dem Balkan und anderen Ländern erfahren. Die Familien dieser neueren Einwanderungswelle leben typischerweise in den Vorvierteln der drei großen Städte Stockholm, Malmö und Göteborg sowie in der Umgebung anderer Städte mittlerer Größe. Die Kinder dieser Einwanderer sprechen Schwedisch als Muttersprache, klingen aber trotzdem irgendwie anders als die „typischen" Schweden: sie sprechen einen sogenannten Soziolekt, der neben einer speziellen Aussprache auch verschiedene Wörter anderer Sprachen in das Schwedische bringt.

Dieses förortssvenska *(„Vorortschwedisch") wird auch* rinkeby-svenska *(nach dem Stockholmer „Problemstadtteil"* Rinkeby*) genannt.*

Häufig können die Sprecher der „gangsterhaften" Variante je nach Situation nahtlos auf die Standardsprache umschalten. Charakteristisch für förortssvenska ist beispielsweise eine eigene Satzstellung:

Idag jag läste tidningen.
Eigentlich: **Jag läste tidningen idag.**
Heute habe ich die Zeitung gelesen.
Igår jag gick till bio.
Eigentlich: **Jag gick till bio igår.**
Gestern bin ich ins Kino gegangen.

Und natürlich die Aussprache: abgehackt und stakkatoartig, mit kürzeren Vokalen als Standardschwedisch (samt Dialekten), ein mehr

„sch" artiges sje-ljud und generell, ohne negativen Beigeschmack gesagt, dem „Türkendeutsch" nicht unähnlich. Natürlich gibt es in diesem Soziolekt auch lexikalische Schätze, in dieser Liste mit „normalem" ungdomssvenska *Jugendschwedisch* gemischt:

Förort-svenska	Standard-svenska	Deutsch
keff	**dåligt**	schlecht
guss	**flicka**	Mädchen
wallah!	**jag svär!**	Ich schwör'!
para	**pengar**	Geld
aina	**polisen**	Polizei
axa	**gå, lämna**	weggehen
chilla	**hänga**	rumhängen, sich ausruhen
gitta	**sticka, dra**	abhauen, weggehen
baxa	**stjäla, sno**	stehlen
flos	**pengar, stålar**	Geld
fett	**mycket**	übelst, extrem, richtig
jallah!	**skynda!**	Beeil dich!
knätch		kleine Teile Cannabis
len	**kompis**	Kumpel
mannen	**gubben**	Alter
sho!	**hej!**	Hi!
tagga	**sticka -er**	weggehen
tjafsa	**tjata**	rummeckern
grym	**bra**	gut, cool

han äger!	**han är kul**	Bester Mann!
snubbe	**kille**	Typ
dissa	**säga nej**	dissen, nein sagen
det suger! *das saugt*	**Jag gillar inte det.**	Das ist voll beschissen.
strula, hångla	**kyssas**	knutschen
kexig *keksig*		geil
värsta *schlimmster*	**ytterst...**	extrem, „voll der"

Han är ju värsta lögnhalsen.
Er ist ja schlimmster Lügenhals
Er ist ja voll der Lügner.

Dieser Soziolekt ist der neueste einer ganzen Reihe seiner Art, die es in Schweden gegeben hat und die sich mittlerweile umentwickelt haben. Schweden ist durch seine Größe, die es während der stormaktstiden *Großmachtzeiten* erreichte, seit jeher multiethnisch und traditionell von drei ethnischen Gruppen besiedelt gewesen: Germanen, Finnen und Samen. Früh kamen Arbeiter und andere Einwanderer aus verschiedenen Ländern, von denen einige auf verschiedene Art und Weise Einfluss auf die Sprache nahmen und eigene Soziolekte schufen. Ein bekanntes historisches Exemplar ist södersnack aus dem Arbeiterviertel Stockholm-Södermalm. Soziolekte werden, wie der Name andeutet, selbstverständlich nicht nur von ausländischen Sprechern der Sprache geschaffen, sondern auch von geschlossenen Gruppen sozialer Schichten.

Wenn man selber kein Ausländer ist, sollte man vermeiden, att skämta svartskalligt *„schwarzschädlich zu scherzen", also Ausländerwitze zu machen. Die sind nämlich den Ausländern selber vorbehalten!*

Att hälsa och säga hej då

Begrüßen und Verabschieden

Die klassischen Begrüßungsformeln God dag und God kväll sind schon länger gammaldags *altgetagt*, altmodisch. Der übliche Ruf zur Begrüßung ist Hej! *Hallo!* Manchmal wird das „j“ eher zum langgezogenen „i” und klingt lange nach. (Gut zuhören und einfach mal nachmachen!) Hej wird in allen Situationen, formell und informell, überall benutzt, sogar schriftlich in Briefen.

Ein anderer Gruß ist Tjenare! (bei den ganz Coolen auch tjena!) oder, sehr modern, einfach Tja! [Tschá!]. Tjenare, ursprünglich Tjänare *Diener*, galt erst als veraltet, um dann plötzlich eine Wiedermodernisierung zu erleben. Heute sind alle drei Varianten eine lässige Begrüßung für Leute jeden Alters. Das Wort „Diener“ als Begrüßung ist übrigens international nicht unüblich, siehe „ciao“ (*Sklave*) und „Servus“.

Alternativ zu Hej! kann man auch hallå sagen. Auch hej på dig! *Hallo auf dich*, bei mehreren Begrüßten hej på er! *Hallo auf euch* ist üblich.

Nach der Begrüßung gibt es eine Reihe von Floskeln und Fragen, um sich um das Befinden des Gesprächspartners zu erkunden.

Hur är det?	Wie isset?
Hur står det till?	Wie sieht's aus?
Hur mår du / Hur mås?	Wie geht es dir?

Hur går det?	Wie geht's?
Allt bra?	Alles klar?
Läget?	Wie isset?
***Shu*, brorsan, vad händer?**	*Shu* Bruder, was geht ab?

Freunde und Freunde von Freunden begrüßen sich mit einer möglichst berührungsfreien Umarmung, Unbekannte oft per Handschlag.

Standardantworten sind:

Bra!	Gut!
Det går bra! *Das geht gut!*	Alles bestens!
Det är bra! *Das ist gut!*	Alles in Ordnung!
Jag mår bra!	Mir geht es gut!
Ganska bra!	Ganz gut!
Bara bra! *Nur gut!*	Gut!
Rätt så bra. *Recht so gut.*	Ganz gut.

Kreative Köpfe können auch sagen:

Jo tack, det rullar på. *Doch danke, das rollt los*	Läuft.
Jo tack jag klagar inte. *Doch danke, ich klage nicht*	Nichts zu klagen.

Wenn es besonders gut läuft:

Det är toppen!	Super!
Utmärkt!	Ausgezeichnet!
Jättebra! Superbra!	Supergut!
Kanon! *Kanone*	Megagut!

Etwas weniger begeisterte Aussagen sind:

Sådär. *So da.*	Es geht so.
Jo tack, jag lever. *Doch danke, ich lebe.*	So lala.

Die oft pragmatische Lebenseinstellung der Skandinavier verleitet auch zu Aussagen wie:

Det är som det är och blir som det blir.
Es ist wie es ist, und es wird wie es wird.

Det som inte dödar, det härdar.
Was nicht umbringt, härtet ab.

Wenn es ganz schlecht lief, sagt man:

Jag har mått skitdåligt på sistone.
Ich habe „gewesen" scheißschlecht auf Letztens
Mir ist es in letzter Zeit total schlecht gegangen.

Jag har varit nere.
Ich bin gewesen unten
Ich war ein bisschen „down".

Jag har varit låg.
Ich bin etwas flach gewesen.
Ich war total niedergeschlagen.

Lite deppig faktiskt.
Ein bisschen traurig.

Um einen baldigen Abschied anzukündigen, sagt man zum Beispiel:

Vi taggar snart.
Wir hauen bald ab.

Ska vi röra oss?
Sollen wir uns bewegen?
Sollen wir uns langsam auf den Weg machen?

Jag drar.
Ich ziehe.
Ich hau ab.

Vi sticker nu.
Wir hauen jetzt ab.

Jag tror vi beger oss.
Ich glaube wir begeben uns.
Ich glaube, wir gehen langsam los.

Vi gittar snart.
Wir können bald.
Wir gehen bald.

Farväl *und* Adjö *sind durchaus noch genutzte Alternativen, werden aber häufig leicht ironisch oder „romantisch" eingesetzt, wie etwa „Adieu" im Deutschen.*

Wie immer gibt es auch für die Situation des nahenden Abschieds einen klugen Spruch:

Allstäds gott, men hemma bäst!
Überall gut, aber zu Hause am besten!

Zur Verabschiedung dient das allseits bekannte hej då *tschüss* oder einfach hej hej oder hej!

Sehr beliebt ist auch Ha det bra! *Hab es gut* , Ha det så bra!, kurz, ha det!.

Wenn man davon ausgeht, die Person irgendwann mal wiederzusehen, sagt man vi hörs *wir hören uns* oder vi ses *wir sehen uns*.

Ja, men vi ses då! Bis dann!

Ja, men vi ses då!
Bis dann!

Gomorron und godnatt werden als erster Gruß am Frühstückstisch und als Verabschiedung vor dem Schlafengehen genutzt, kommen in der Öffentlichkeit also kaum vor.

Godnatt wird oft von dröm sött *träum süß* oder sov gott *schlaf gut* begleitet.

Högstadiet

In Schweden geht man neun Jahre zur grundskolan *Grundschule*, danach kann man gucken, wie es weitergeht. Es gibt zum Beispiel verschieden ausgerichtete Gymnasiem, vielleicht passt ja das språkgymnasium, musikgymnasium oder doch eher die hantverkarskolan *Handwerkerschule*? Die schwierige Phase des högstadiet *Hochstadium* bis zum studenten: das Abitur. Eins ist sicher, auf der ganzen Welt herrscht selbst an den besten Schulen mal ein schlechtes Klima.

Man får va' lite tuff,
de är hårdhända och elaka på skolan.
Man muss ein bisschen tuff sein,
die sind unzimperlich und gemein auf der Schule.
Einige Vokabeln aus der Schule:

rökruta	geheime Raucherecke
mupp	Klassendummkopf
rövarspråket -et	Von Astrid Lindgren erfundene, früher bei Kindern beliebte Geheimsprache

Rövarspråket ist eigentlich nicht mehr gebräuchlich, aber trotzdem ganz gut zu wissen, falls ältere Leute von ihrer Schulzeit erzählen.

cykelgäng -et	Fahrradgang
mobboffer -et	Mobbingopfer
kalsonggreppet	Unterhosengriff
(wenn man von hinten an der Unterhose hochgehoben wird)	
klassens clown	Klassenclown
nörd	Nerd
kickers	„die Toughen"
frökens gullegris	Lehrerliebling
Fräuleins Niedlichschwein	
få kvarstittning	sitzen bleiben
kriegen Sitzenbleibung	
skolka	schwänzen
skolkare	Schwänzer
fuska	schummeln, abgucken
mulla *Mullah*	Sehr überzeugter islamischer Schüler mit Migrationshintergrund
hatobjekt -et	„Opfer"
Hassobjekt	
villuppare	Möchtegern
Hochwiller	
streber	Streber
plugga	büffeln
plugghäst	fleißiger Schüler,
Büffelpferd	Streber
planka	schwarzfahren
smöra *buttern*	sich einschleimen

Du vet väl vad fasan jag menar ...

Na du weißt schon, das Dingsda!

Manche Wörter und Sätze helfen einfach in vielen Situationen. Wenn man zum Beispiel nicht genau weiß, wie man ein bestimmtes Teil nennen soll, so dass man dieses komische Vieh mit irgend so 'nem Dingsbumsvieh beschreiben muss:

mojs	Teile, Sachen
pyssla	rumbasteln, rumfummeln, rumdoktern
makapär, grunka, pryl	Sache, Teil, Dings, Vieh
grej	Teil, Geschichte
jag grejar	Ich puzzel rum
jox	Teile
jag har massa jox här	Ich hab' ganz viele Sachen hier
den där skruvhistorian	diese Schraubengeschichte; diese Schraubensache (historia „Geschichte" als „unbekanntes, merkwürdiges Teil")
jag grejar och donar	ich bin beschäftigt, ich mach was

Vad är det här för märklig makapär?
Was'n das für'n komisches Teil?

Jag håller på att göra fint, jag fixar!
Ich bin dabei, alles zu ordnen, ich mach' das schon!

Die altbekannten Formen den där / här, de där / här werden in solchen Situationen übermäßig benutzt und an das „r“ wird ein kurzes „a“ angehängt: = den dära, den hära, de dära, de hära.

Du vet, den dära konstiga grejen som tillhör den där(a) märkliga makapären i skåpjäveln.
Du weißt, dieses komische Teil, das zu diesem komischen Viech im Scheißschrank gehört.

Schaufenster in Malmö

Nätsvenska

IT-Schwedisch

In Schweden kann man Obdachlosen via Telefon über „Swish“ Geld schicken, die Adresse, das Alter und Gehalt der Nachbarschaft im Internet auf offiziellen Seiten herausfinden, und bei öffentlichen Toiletten zahlt man am Eingang mit der Kreditkarte statt an eine Toilettenfrau. Zugang zum Internet ist eine Grundvoraussetzung für die Teilnahme an der Universitäts-, Schul- und Arbeitswelt. An der Autobahn stehen mitten im Wald manchmal LED-Bildschirme mit Werbung, und neue Technologien finden sehr schnell im Alltag ihre unentbehrliche Rolle. Ein paar Fachbegriffe aus der Computerwelt sollte man also heutzutage schon drauf haben.

chatta	chatten
internetmissbrukare *Internetmissbraucher*	Internetkrimineller
plasmaskärm	Plasmabildschirm
datorskärm	Computerbildschirm
gränssnitt	Schnittstelle
multitaska	multitasken
nätporr	Porno
surfa i nätet	im Netz surfen
laddningssladd -en, -ar	Ladekabel
hacka	hacken
anslutning *Anschluss*	Internetverbindung
e-postbombning *E-postbombardierung*	viele E-mails auf einmal kriegen

skärmsläckarläge	Bildschirmschoner
hänga sig	sich aufhängen, abstürzen (Computer)
hemsida, webbplats *Heimseite, Webplatz*	Internetseite
göra videosamtal	Einen Videoanruf machen
eluttag -et *Stromausgang*	Steckdose

Wichtig für alle Cafébesucher:

Hur är Wifi-lösenordet?
Wie ist das WLAN Kennwort?

Social Media auf Schwedisch

Wenn man schon dabei ist, Schwede zu werden, kann es nicht schaden, auch den Account auf Facebook, Instagram etc. auf svenska zu stellen.

Jag ska stalka henne på facebook, jag har letat efter hennes profil och ska se om hon har laddat upp bilder.
Ich werde sie auf Facebook stalken, ich habe ihr Profil gesucht und guck mal nach, ob sie Bilder hochgeladen hat.

Det här är mitt konto så du kan skicka en vänskapsförfråga till mig och lägga till mig.
Das ist mein Konto, du kannst mir eine Freundschaftsanfrage schicken und mich hinzufügen.

Nätsvenska

gilla nåns post	jemands Post „liken”
att tagga nån i kommentarfältet	jemanden in den Kommentaren markieren
publicera, posta	posten
Har han lagt upp det?	Hat er das hochgeladen?
chatta med en nätkompis	mit einer Internet-bekanntschaft chatten
få skräppost	Spam bekommen
skicka ett meddelande	eine Nachricht schicken
redigera startsida	Startseite bearbeiten
nyhetsflöde -t	„Newsfeed”
blockera en användare	einen Nutzer blockieren
ta bort ett kort	ein Foto löschen
Ta bort det omedelbart!	Lösch das sofort!
ta bort nån (som vän)	jmd. (als Freund) löschen
aktivitetsloggning	Aktivitätsverzeichnis
näthat -et, mobba	Cybermobbing, cybermobben
markera som läst	als gelesen markieren
markera som oläst	als ungelesen markieren
meddelandeförfrågning	Nachrichtsanfrage
dela en länk	einen Link teilen
användarnamn -et	Benutzername
troll -et	Troll
lägga till nån	jemanden hinzufügen
posta *(Instagram)*	„posten”
lika	„liken”
stalka	„stalken”
skärmdumpa	Screenshot
mobilen dör *das Handy stirbt*	der Akku ist gleich leer
mobilen dog *das Handy ist tot*	der Akku ist leer

Kärleken

Das Liebesleben

Die Schweden sind längst nicht so freizügig und „leicht abzuschleppen", wie man so oft hört. Trotzdem sind die skandinavischen Gesellschaften sehr liberal und offen mit Themen, die in vielen Ländern als Tabu gelten. Sexualundervisning *Sexualkunde* beginnt sehr früh und wird schon von Anfang an von audiovisuellen Materialien begleitet, suchen Sie beispielweise mal snippen och snoppan auf YouTube.

Alles fängt erstmal klein an: ob på baren, på diskot, på restaurangen oder auch på tunnelbanan oder på klubben, zuerst muss man vara flörtig och våga ta första steget, *flirtig sein und den ersten Schritt wagen,* und börja prata med henne / honom: *anfangen, mit ihr / ihm zu sprechen.* Wer nicht mutig genug ist, bleibt erst mal, wo er ist und hält weiter Ausschau, spanar tjejer *checkt Mädels aus.*

Han raggar på massa brudar hela tiden.
Er baggert viele Bräute die ganze Zeit.
Er macht die ganze Zeit Mädels an.

Raggar du på mig eller?
Versuchst du, mich anzubaggern oder was?

Har du tagit med ditt jävla ragg till min lägenhet?
Hast du etwa deinen Aufriss
mit zu mir nach Hause gebracht?

Wenn alles gut geht, fängt man entweder an, zu dejta -ar *daten* oder man hat otur *Pech* und es geht schlechter aus.

De stack från festen för att de inte fick ragg.
Die sind vom Fest abgehauen, weil sie nichts abgeschleppt haben.

Man kan ju försöka limma lite.
Man kann ja versuchen leimen bisschen
Man kann ja versuchen,
sich ein bisschen ranzumachen.

Klappt aber nicht immer:

att få nobben	abblitzen,
(von **nobba** *abweisen*)	abgewiesen werden
att få korgen	einen Korb kriegen
att ge nobben	abblitzen lassen
att ge korgen	einen Korb geben

Att ha samlag med nån *„Beischlaf haben" ist sehr veraltet und wird höchstens noch von* moster Saga *(Tante Saga) oder dem Gynäkologen gesagt. Apropos* gynekolog! Akta dig för könsjukdomar! *Pass auf Geschlechtskrankheiten auf!*

Wenn man den Jemanden dann nach Hause gebracht hat (das Geschlecht spielt übrigens im extrem toleranten Schweden keine Rolle!) und man lite knullsugen *ein bisschen fickhungrig* ist, sind der Fantasie keine Grenzen gesetzt. Ein neutrales Wort für „mit jemandem schlafen" oder „Sex haben", das man ohne größere Vorsichtsmaßnahmen benutzen kann, heißt att ha sex oder att ligga -er med nån.

Für das dazugehörige Werkzeug sagt man untereinander (wenn man unter sich ist): snopp -en, -ar *Schwanz* oder *Pimmel* und fitta -n *Fotze* oder musen *Muschi.* Im Bio-Unterricht heißt es vergleichsweise anständig slida *Scheide* und penis.

Zu den brösten *Brüsten* sagt man auch tuttar *Titten*, das Hinterteil ist rumpan.

Diese Wörter sind aber nicht so vulgär wie im Deutschen und werden sehr oft benutzt, sie haben vergleichsweise wenige Alternativen.

Aber Achtung: snuskigt! *versaut.*

avsugning	blasen
avsuga nån	jmd. einen blasen
slicka -er	lecken
slicka fitta	Muschi lecken
långtradare	tiefer Zungenkuss
fingerpulla *fingerpullern*	fingern
köra trekant *Dreikant fahren*	einen Dreier haben
tända -er på nåt/nån *auf jmd/etw anzünden*	auf etw./jmd. geil werden
bli kåt	geil werden
ta nån bakifrån	jmd. von hinten nehmen
fontänorgasm *Fontänorgasmus*	„squirten"
komma -er	kommen
Kom du?	bist du gekommen?
runka -ar av	sich einen runterholen
att ta nån i köket	jemanden in der Küche nehmen
knulla -ar	ficken
rövknullad	arschgefickt

Wenn man mehr als zwei ist, nennt sich das trekant *„Dreikant" oder* gruppsex.

Beim Stelldichein gilt Gleichberechtigung!

morgonstånd	Morgenständer
ta -r på sig själv	sich selber befriedigen
auf sich selber nehmen	
arsle -t	Hintern
hångla -ar	rummachen
att få bånge	
vrålhångla	wild rummachen
att få stånd	einen Ständer kriegen

Schweden hat ein einzigartiges Prostitutionsgesetz. Das Anbieten der Dienstleistung ist nicht verboten. In vielen anderen Ländern wird die häufig durch Not ausgelöste Aktivität der Frauen kriminalisiert und geahndet, während die torskar *(„Dorsche") Freier* ungestraft davonkommen. In Schweden wird nicht das Angebot, sondern das Entgegennehmen der Leistung bestraft. En prostituerad zu beschäftigen ist illegal und wird empfindlich geahndet, also Vorsicht!

slyna, slampa	Schlampe
hallick -n	Zuhälter
fnask	Schlampe
hora	Hure
luder	Luder
bordell -et	Bordell

So gesehen, könnte man ja fast denken, es gäbe keine unschuldigeren Zärtlichkeiten. Dem ist aber durchaus nicht so:

smekningar	Streicheleinheiten
ömhetsbetygelser	Zärtlichkeiten
att pussas	Küsschen geben
kyssas	knutschen

Jag vill få en puss.
Ich will ein Küsschen!

Zu massage passen verschiedene Techniken: klia *leicht kratzen* smeka streicheln riva *kratzen* krafsa *graben* knåda *kneten* ...

In Schweden begrüßt man Freunde und Bekannte mit kram *Umarmung*. Als Liebesbeweis kann die Umarmung aber auch ein bisschen intensiver werden.

sluta någon i sina armar	jemanden in die Arme schließen
hålla om någon	jemanden umarmen
omfamna -ar	feste umarmen

Auch das Miteinander-Schlafen muss nicht so heftig und ausschließlich fleischig sein wie oben beschrieben, att älska ist nicht immer så hårdhänd! *„hartgehändet"*, man kann auch einfach krypa under täcket med nån *mit jmd unter die Decke kriechen*. Extra mysigt: båda är spritt språngane nakna *besonders gemütlich: beide sind splitternackt*. I bästa fall ryser det i hela kroppen då *im besten Fall kribbelt es dann im ganzen Körper*, und nach första gången *erstes Mal* kann man börja omgås *anfangen sich zu treffen* och stämma flera möten *mehr Verabredungen* *machen*, man är i sjunde himlen *ist im siebten Himmel* und svävar på månen *schwebt auf dem Mond*.

Romantiker sagen: jag har fjärilar i magen! *Ich habe Schmetterlinge im Bauch*, wenn man den Freunden erzählt, att man har en ny flamma *dass man eine neue Flamme hat*. Ihnen berichtet man vielleicht auch, wie das war, als man ihn / sie erblickte:

Jag smälte som vax första gången vi sågs.
Ich bin dahingeschmolzen, als wir uns das erste Mal sahen.

Hon brinner av iver när hon ser honom.
Sie brennt vor Eifer, wenn sie ihn sieht.

Hon är kåt.
Sie ist geil (erregt).

Spätestens dann weiß man, att det är nåt allvarligt *dass es ernst ist*. Mehr passendes Vokabular ist:

turrturrduvor	Turteltauben
sätta på *draufsetzen*	mit jmd. schlafen
jag satte på henne *ich saß auf ihr*	ich habe mit ihr geschlafen
ha någon i kikaren	ein Auge auf jmd. geworfen haben
bli eld och lågor	Feuer und Flamme sein
vara förtjust i någon	sich in jemanden verguckt haben
kelande -t	Geschmuse

offenherzige Werbung

gosa -ar	schmusen, kuscheln
strula -ar	rumknutschen
KK (Abk. f. **knullkompis**)	„Fickfreund“

Jag har halva inne!
Ich habe die Hälfte drin!
ich habe ihn/sie fast abgeschleppt.

Hon är väldigt poli.
Sie ist sehr polygam.

Liebevolle Bezeichnungen für den Partner kann man oft einfach wörtlich übersetzen oder ein bisschen Erfindungsreichtum zeigen. Typisch sind skatt *Schatz*, käraste *Liebster*, min kärlek *meine Liebe* min finaste *mein/e Schönste/r*, sötmul *Süßmaul*, raring *Süße/r*, snygging *Hübsche/r*, usw. usw.

Einen Heiratsantrag zu machen, ist im Norden natürlich schon längst nicht mehr nur den Männern vorbehalten: Hon friar till honom *Sie hält um seine Hand an*. Allerdings ist es bei ca. 50% geschiedenen Ehen wahrscheinlich, dass auch skilsmässan *die Scheidung* nicht auf sich warten lässt.

förhållande	Beziehung, Liebschaft
pojkvän	Freund (Geliebter)
flickvän	Freundin (Geliebte)

In Schweden gibt es außer äkta fru *„Ehefrau“ und* make *„Ehemann“,* utanför äktenskapet *also „außerhalb der Ehe“ auch andere Partnerschaften, von denen einige vom Staat anerkannt werden können.*

Jag tror de kilar stadigt nu.
Ich glaube, die sind jetzt dauerhaft miteinander verkeilt.
Ich glaube, die sind jetzt zusammen.

De har blivit ihop nu.
Die sind zusammen gekommen.

Vill du vara tillsammans med mig?
Willst du mit mir zusammen sein?

Vill du vara min flickvän?
Willst du meine Freundin sein?

Handen på hjärtat, älskar du mig verkligen?
Hand aufs Herz, liebst du mich wirklich?

Einige junge Schweden haben ett öppet förhållande *ein offenes Verhältnis,* klassisch ist man aber vor der förlovningen *Verlobung* entweder eine Partnerschaft als sambo *„Zusammenwohner"* oder särbo *„Getrenntwohner"*. Sambos wohnen zusammen, särbos sind zwar zusammen, leben aber in getrennten Wohnungen.

Problematisch wird es bei utomäktenskapliga snedsprång *außerehelichen Seitensprüngen* und otrogenhet *Untreue*:

att bedra, bedrog, bedragit
betrügen

Han vänstrade med Lisa.
er linkte mit Lisa
Er ist mit Lisa fremdgegangen.

Hon vänsterprasslar bakom hans rygg.
Sie hintergeht ihn.

Har du varit otrogen?
Bist du fremdgegangen?

De har en affär.
Sie haben eine Affäre.

Dann wird meistens Schluss gemacht.

De har gjort slut.
Sie haben Schluss gemacht.

De har brutit upp.
Sie haben Schluss gemacht. (*gebrochen*)

oder, etwas moderner:

De tar en paus.
Sie nehmen eine Pause .

Egal, wie es endet: Livet går sin gamla gång *das Leben geht seinen alten Weg!*

göra nån på smällen	jmd. schwängern
jmd auf den Knall machen	
att ha en bulle i ugnen	schwanger sein
einen Kuchen im Ofen haben	

Folgende Bezeichnungen für die Familienmitglieder sind häufig zu hören und ganz normal, sie können ohne weiteres angewendet werden.

min morsa	meine Mutter
(statt min mamma oder min mor)	
din farsa	dein Vater
(statt din pappa oder din far)	
brorsan	der Bruder
(statt bror)	
syrran	die Schwester
(statt syster)	

Toaletter

In der Stadt gibt es einige kostenlose Toiletten, ansonsten kann man unter Umständen in einem Café oder Restaurant, manchmal gegen eine avgift *Abgabe* von 5 kronor die Örtlichkeiten nutzen. Toaletterna, auch stilla rummet *das stille Zimmer* sind, in den Städten, sehr sauber und modern.

Der übliche „Reisetoleranzmodus", den man in Südeuropa häufig einschalten muss, kann in Skandinavien aus bleiben!

Auf dem Lande sieht es aber ganz anders aus: Petterson-und-Findus-Leser wissen, wie die roten, hölzernen Plumpsklos mit Herzchen in der Tür aussehen, und sie sind keineswegs nur eine Erfindung der Literatur! Sie heißen dass -et, und ja, der Eimer mit Erde und Schaufel daneben ist die Spülung.

dass Klo

Toaletter

Bei Festivals heißt das blaue Hüttchen **bajamaja -n** *Plumpsklo*. Die Art des biologischen Drangs wird im Schwedischen sehr präzise benannt: man ist entweder **kissnödig** *pissnötig* oder **bajsnödig** *kacknötig*.

Wenn wir schon dabei sind, sehen wir uns auch noch andere weniger präsentable Phänomene des menschlichen Körpers an:

fisa, prutta	furzen
prutt -en, -ar	Furz
kissa på sig	sich vollpissen
bajsa på sig, skita på sig	sich vollkacken
skita -er, sket, skitit	scheißen
skitig, sketen	beschissen
torka rumpan *abtrocknen*	sich den Hintern abputzen
snora	rotzen
snor -et	Rotze

Usch, jag känner mig verkligen äcklad av det!
Pfui, ich finde das echt eklig!

Inte alla har pengar som gräs!

Geld

In Schweden wird überall in der Landeswährung Svenska kronor SEK, auch kr gezahlt – Euro und Schweizer Franken werden nicht akzeptiert. Da Schweden eine Kredit- und EC-Karten-Gesellschaft ist, brauchen Sie vor der Reise allerdings kein Bargeld umzutauschen oder in Schweden abzuheben: es ist ungewöhnlicher, mit Bargeld zahlen zu können, als nicht mit Karte zahlen zu können, und alle geläufigen Banken werden angenommen. Die Scheine werden generell als sedlar bezeichnet.

ein kleines Lädchen mitten im Wald: Zahlung ist nur via Karte möglich, und die Quittung kommt per SMS!

Inte alla har pengar som gräs!

Die öre werden beim Preis immer abgerundet und stehen manchmal symbolisch mit auf dem Kassenzettel. Wenn man über Preise spricht, sagt man generell spänn, das Wort wird wie das englische *bucks* verwendet und ist extrem gebräuchlich.

Det kostar femti spänn inträde.
Das kostet fünfzig Kronen Eintritt.

Ein anderer, weniger gebräuchlicher Begriff für Geld ist stålar *„Stähle"*.

tjugolapp	Zwanziger
femtilapp	Fünfziger
hundralapp, hundring	Hunderter
tusenlapp	Tausender *(ca. 100 €)*
tia	10-Kronen-Münze
femma	5-Kronen-Münze
snål	geizig
givmild	großzügig

Armut

Vor allem, wenn man einen ausländischen Lohn hat, kann einem in Schweden schon mal das Kleingeld ausgehen ...

Inte alla har pengar som gräs!
Nicht alle haben Geld wie Heu!

stackare, krake	Armer
trashank	abgerissener Kerl
stackars sate	armer Teufel
fattighjon	armer Lappen
att vara fattig som en kyrkråtta	arm wie eine Kirchenmaus sein
att gå i putten	pleite gehen

Han är en fattiglapp.
Er ist eine arme Sau (hat nicht viel Geld).

Jag har inte råd med det.
Ich kann mir das nicht leisten.

Jag är pank.
Ich bin pleite.

Kan du låna mig pengar?
Kannst du mir Geld leihen?

tjugolapp

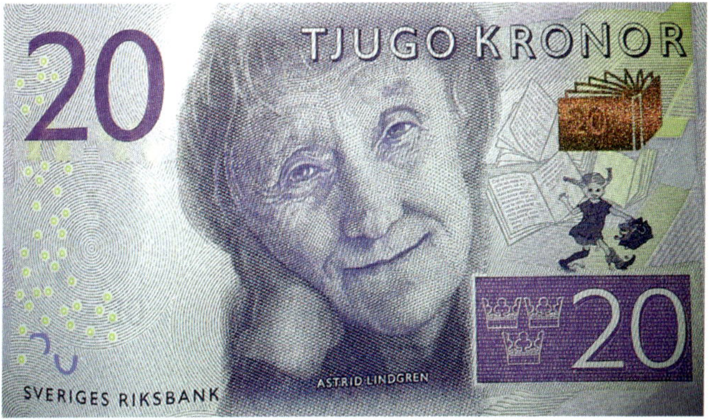

Fem år på kåken

Illegales, Polizei und Gefängnis

Der beste und lustigste Weg, seinen schwedischen Kriminalwortschatz auszubauen, ist natürlich, das breite Angebot an Krimiserien und Krimiromanen auf Schwedisch zu genießen.

Trotz geringer Kriminalität in Schweden ist die Produktion im Rahmen der *Kriminalliteratur* deckare von enormem Umfang. Da ist es eine gute Idee, eine gewisse Grundkenntnis des Verbrecherjargons zu haben.

Aus lagens perspektiv, *der Perspektive des Gesetzes*, sind die Bösewichte skurkar, von skurk -en, *Schurke*. Das Wort odygdspåse *Taugenichts* ist eher veraltet.

Ein polis ist auch als snut -en, -ar, oder snutjävel bekannt. Ihre Aufgabe ist es, sie sätta dit nån *hinter Gitter zu bringen*, auch att häkta *verhaften* oder, passiv, bli tagen *geschnappt werden*. Passende Redewendung: att vara snudd på nåt *ganz dicht an etwas dran sein*. Wenn es soweit ist, heißt es für häktningen *den Inhaftierten* erst einmal: sitta på kåken *Knast schieben*, aber på direkten *sofort*.

Det är kört!
Es ist vorbei!

Ärgerlich, wenn man dahin gekommen ist, weil man *verpfiffen* wurde: att blåsa nån, auch att tjalla oder schlicht att tipsa *jemanden verpfeifen*. Schreckliches Gefühl: att få vatten innanför stövlarna *„Wasser in die Stiefel kriegen", bis zum Hals in der Scheiße stecken*. Die Polizei und tjallaren *Spitzel* haben vorher alles genau abgemacht, da hieß es: saken är biff *abgemacht*. Normal, wenn die *Ratte* råttan vorher ein bisschen *aufgeregt ist* vara het på gröten. Ärgerlich, wenn die myndigheter *Behörden geschmiert* mutade sind! att muta nån *jmd schmieren*.

Sich jemanden oder etwas *schnappen*, auch im übertragenen Sinn, ist wohl eine der überraschendsten Redewendungen: att lägga rabarber på nåt / nån. „*Rharbarber auf etwas/jemanden legen*". Was das Umfeld vieler Krimineller angeht, ist es manchmal ein bisschen sunkig *heruntergekommen*, und man kann sich nur als fuskare *Schummler*, tjuv *Dieb*, tiggare *Bettler*, dagdrivare *Landstreicher*, und riktigt grovt *richtig übel:* gängmedlem *Gangmitglied* durchschlagen: Der Volksmund sagt, dass jemand „verloren" ist: att gå vilse *sich verirren*. Sie werden auch *Gesindel* genannt: slödder -ret, patrask -et.

(att) få en klump i halsen
einen Kloß im Hals haben

Auf der Flucht macht sich die Aufregung schnell bemerkbar:

någon har hjärtat i halsgropen
jmd schlägt das Herz bis zum Hals

med andan i halsen
mit dem Atem im Hals
atemlos

att gola	verpfeifen
att tjalla på någon	jmd. anschwärzen
att sno	klauen
lämna någon i sticket	jmd. im Stich lassen

Bankrånaren har stuckit från kåken.
Der Bankräuber ist aus dem Knast getürmt.

De har haft en biljagd med snutarna.
Sie haben sich mit den Bullen eine Verfolgungsjagd geliefert.

Jag fick hålla utkik.
Ich musste Schmiere stehen.

Vi har blivit blåsta!
Wir sind verpfiffen worden!

Obehöriga äga ej tillträde!
Für Unbefugte Zutritt verboten!

Obdachlosigkeit

Die neutralste Bezeichnung ist bostadslös *wohnortlos*, gefolgt von hemlös *heimlos. Ein* „Penner" ist uteliggare *Draußenlieger*, während *pennen* slagga ist. Die meisten Obdachlosen in Schweden sind zigenare, auch romer, zigge und tattare. Viele von ihnen leben im Wald und leben allemannsrätten richtig aus.

Zigge und tattare sind abfällig gemeint und sollten tunlichst vermieden werden. Zigenare funktioniert etwa wie jude *Jude* oder eskimå *Eskimo,* ist also ein Wort, das zwar von den Völkern selber auch benutzt wird, aber historisch belastet ist. Daher kommt es auf den Ton an! Wenn man es nicht abfällig ausspricht, wird es auch nicht abfällig aufgefasst. Rom wird z. B. auch gesagt, selbst wenn der Gemeinte nicht zu einem Roma-Stamm gehört.

Att njuta och konsumera

Genuss und Rausch

Schweden ist ein Kaffeeland, eines der ersten drei auf der Liste der meist kaffeetrinkenden Länder. Eines der wichtigsten alltäglichen Dinge ist fika: att fika *Kaffee trinken gehen* ist eine tägliche Aktivität, die sich unter Umständen mehrmals am gleichen Tag wiederholt.

Kaffee

Latte, chai, grönt / svart té, hibiskus, (dubbel / enkel) espresso, Kaffee und Tee gibt es in allen Variationen, natürlich auch ekologiskt. Man sollte menyn *die Speisekarte* gut studieren, bevor man sich entscheidet, was man nimmt.

Ab Småland nordwärts gibt es Richtung Norden fast nirgendwo bordservering *Tischservice*, man går till kassan och beställer *geht zur Kasse und bestellt.*

Da kriegt man dann die erwünschten Waren auf einem Tablett und kann sich hinsetzen. Wenn man etwas dazu essen will, gibt es für den Akt des Essens zwei übliche Slangwörter:

käka -ar *kiefern*	essen
smaska -ar	schmatzen, naschen

Ska vi sitta på nåt fik och plugga?
Sollen wir uns in ein Café setzen und lernen?

Ska vi gå och fika nånstans och prata lite?
Sollen wir irgendwo Kaffee trinken gehen und uns unterhalten?

Det blir jätte trevligt!
Das wird gemütlich!

Bei manchen fikställen *Cafés* gibt es den magischen påtår, d. h. man „mietet" eine Tasse und kann dann soviel bryggkaffe *Filterkaffee* nachnehmen, wie man schafft.

Hur mycket kaffe klarar du egentligen?
Wieviel Kaffee schaffst du eigentlich?
Wieviel Kaffee kannst du eigentlich vertragen?

Jag käkar gärna nåt bakverk också.
Ich kiefer gerne ein Backwerk dazu.
Ich nasch gerne noch ein Gebäck dazu.

Die Liste für fikabröd *Gebäck zum Kaffee* ist lang:

kanelbullar	Zimtschnecken
kardemummabullar	Kardamomschnecken
dammsugare	„Staubsauger" (Marzipangebäck)
pepparkakor	„Pfefferkuchen", eine Art Lebkuchen
wienerbröd, kladdkaka	Schokoladenkuchen
prinsesstårta	„Prinzessintorte" (Marzipantorte)

semlor	„Semmel", ein Gebäck mit viel Sahne und Marzipan
kanellängd	lange, zopfartige Zimtschnecke

Det låter smaskigt!
Das klingt lecker!

Ingår det påtår här eller?
Inklusive Wiederauffüllung?

En kaffe tack.
Einen Kaffee bitte.

Vill du ha mjölk eller havremjölk och socker till det?
Wollen Sie Milch oder Hafermilch und Zucker dazu?

Nej jag tar den svart, tack.
Nein danke, schwarz.

Har ni koffeinfritt kaffe?
Haben Sie koffeinfreien Kaffee?

Ein fik *Café ist* am liebsten mysigt *gemütlich*. Generell ist das Gemütliche, auf Dänisch *hygge*, auch als Verb mysa *gemütlichen* in den skandinavischen Ländern eine Lebenseinstellung und von größtem Wert für die Schweden.

Det blir jätte trevligt! Das wird gemütlich!

Mysfaktorn är total!
Der Gemütlichkeitsfaktor ist total!

De har ett skitmysigt fik där.
Die haben ein scheißgemütliches Café da
Die haben da ein total gemütliches Café.

Vilken trevlig kaffestund vi haft!
Das war ein schönes Kaffeetrinken!

Alkohol

Es gibt aber natürlich auch andere Genussmittel, wie zum Beispiel sprit, öl, vin och andra alkoholdryck *Schnaps, Bier, Wein und andere alkoholhaltige Getränke* und cigaretter, und vor allem das urschwedische snus, feuchter, pulverisierter Tabak, entweder in Päckchen oder als selbstgerolltes lössnus, die unter die Oberlippe auf das Zahnfleisch gelegt wird und einen nikotinkick geben.

en riktig uteliggareöl (ein echtes Pennerbier), da es mit 10% und sehr niedrigem Preis beliebt bei Obdachlosen ist

In normalen mataffärer *Supermärkten* wie ICA, hemköp oder konsum gibt es nur folköl mit maximal 3,5 % oder andere alkoholfria vinvaror *alkoholhaltige Weinwaren*. Ansonsten muss man zum systembolaget, auch genannt gröna skylten *grünes Schild*, wo man mindestens 20 Jahre alt sein muss, um hinein zu dürfen.

Bis ungefähr zum 35. Lebensjahr (mindestens!) muss man sich – je nach Aussehen – auf ein freundliches visa gärna legg också *zeig gerne Ausweis auch – „Ihren Ausweis bitte"* einstellen.

Vor dem drickande -t *Getrinke* kommt bei Tisch in traditionellem Rahmen eine snapsvisa *Schnapsweise*, ein traditionelles Trinklied, das von allen textsicher laut gesungen wird (wenn man unter Freunden ist). Dabei hilft es natürlich, wenn man schon ein bisschen (lätt) påverkad *(leicht) unter Alkoholeinfluss* ist. Davon gibt es Tausende, zum Beispiel:

Mera brännvin i glasen.
Mehr Branntwein in die Gläser.
Flera glas på vårt bord.
Mehr Gläser auf unseren Tisch.
Flera bord på kalasen.
Mehr Tische den Festen.
Flera kalas på vår jord.
Mehr Feste auf unsrer Erde.
Flera jordar kring månen.
Mehr Erden um den Mond.
Flera månar kring Mars.
Mehr Monde um den Mars.
Flera marscher ner till Skåne.
Mehr Märsche runter nach Schonen.
Mera Skåne, gu'bevars.
Mehr Schonen, Gott bewahr's!

Obs.! *Beachte*:
Systemet har öppet fram till klockan sju på vardagar och fem på lördagar. Stängt på söndag.
Das System ist an Wochentagen bis 7 Uhr und bis 5 Uhr an Samstagen geöffnet. Sonntags geschlossen.

Jag ska bara hoppa in på systemet och köpa vin, jag är lite sugen.
Ich werde nur springen rein auf System-das und kaufen Wein, ich bin hungrig
Ich geh eben kurz bei Systembolag rein und kauf Wein, ich hab Lust drauf.

Vet du om det finns ett system här nära?
Weißt du ob es gibt ein System hier nah?
Wissen Sie, ob es ein Systembolag in der Nähe gibt?

Visa gärna legg också.
Zeige gerne Ausweis auch.
Ihren Ausweis bitte.

sprit	starker Alkohol
birra	Bier
vara fullständigt packad *vollständig gepackt sein*	total besoffen sein
fyllbult, *Füllbolzen* **fyllsvin,** *Füllschwein* **fylltratt** *Fülltrichter*	Säufer
rattfylla *Lenkradfülle*	Trunkenheit am Steuer
i fyllan och villan	im Suff
fullis, *Völlchen,* **fyllhund,** *Füllhund,* **fyllerist**	Besoffener
fulla -er, fullit på	sich volllaufen lassen
alkis	Alkoholiker
hänga på krogen och dricka	in der Kneipe sitzen und trinken
supa -er, söp, supit	saufen
supa ihjäl sig, hinka ner sig *sich kaputt saufen*	sich totsaufen

fyllesvin *Vollschwein*	jemand, der sich gerne und häufig betrinkt
bakfylla, baksmälla *Nachvölle*	Kater
skumpa	Champagner
ölsinne *Biersinn*	das Bewusstsein, wieviel Bier man verträgt
skåpfylla *schrankvöllen*	nur trinken, weil gerade Alkohol da ist
förkröka, förfesta hos någon	bei jmd. vorglühen
partaja	feiern

Jag har en flaska whiskey, ska vi dra en skåpfylla eller?
Ich hab ne Flasche Whiskey, sollen wir was davon trinken?

Kan du tjacka en sjufemma till oss?
Kannst du uns ne 0,75-Flasche besorgen?

Hon blir lite rund om fötterna.
Sie wird etwas rund um die Füße
Sie fängt an, ein bisschen beschwipst zu sein.

Jag är sjukt frammis!
Ich bin krank „vorherchen"
Ich freu mich schon aufs Saufen!

Det blir en rejäl fylla alltså!
Das wird 'ne echte Sauferei!

Jag är typ full.
Ich bin leicht betrunken.

jag är lite bakis (bakfull)
Ich hab 'nen Kater.

Hon hade sjukt krabbis när hon kom hem.
Sie hatte krank Kräbbchen als sie kam nach Hause
Sie hatte voll den Kater,
als sie nach Hause gekommen ist.

Jag var helt bakfräsch igår fastän jag drack mycket!
Ich hatte gestern keinen Kater („*nachfrisch*"), obwohl ich viel getrunken habe!

tuting, sup	ein Schluck direkt aus der Flasche
planrak, rejält berusad	stockbesoffen
hinka, tanka, dynga	saufen
vara dragen *gezogen sein*	leicht betrunken sein
fyllna till *volllaufen*	leicht betrunken sein
rotblöta *wurzelfeuchten*	sich richtig einen durchsaufen
kröka ner sig ordentligt *sich ordentlich krümmen*	sich ordentlich besaufen

lösplugg *loser Stecker*	Getränk mit Alkoholgehalt unter 3,5 %
hembränt *Heimgebrannter*	Selbstgebrannter
norrlandschampagne *norrländischer Champagner*	hausgemachtes Alkoholgetränk

Han är värsta fyllosofen!
Er ist der übelste Philosoph!
Er ist ein wahrer Philosoph!

Ein fyllosof *ist jemand, der unter Alkoholeinfluss anfängt, zu philosophieren, also eigentlich ein „Füllosof"!*

Låt oss dra på krölle!
Lass uns ziehen auf Fest
Lass uns zu der Fete gehen!

Krölle ist ein gemäßigtes Fest, wo Alkohol präsent, aber nicht Mittelpunkt ist.

Rauchen

tjuvrökare, *Diebraucher* **tjuvsnusare** *Diebsnuser*	jemand, der gelegentlich und nach Einladung raucht oder snust.
drulle, jara, fny, (nikotin-)pinne	Zigarette
cancerpinne *Krebsstäbchen*	Kippe
fimp	Kippe
rulla en cigg *rollen*	eine Zigarette drehen

fimpa i askfatet	in den Aschenbecher aschen
bolma	rauchen
storbolmare	Kettenraucher
dra på lungan	in die Lunge ziehen
snusa, barka	Snustabak benutzen
snusdosa	Snusdöschen
snus -et	Snus
lössnus -et	Snus ohne Päckchen

Får jag ta ett bloss?
Darf ich mal ziehen?

Hon är storrökare.
Sie ist Großraucherin.
Sie ist Kettenraucherin.

Gras und andere Drogen

Schweden hat sehr strenge Drogen- und Alkoholgesetze. Das kann man bei der extremen Anzahl an Synonymen für alle verschiedenen Drogen manchmal kaum glauben, in dieser Liste sind wirklich nur die allergängigsten aufgenommen. Auch Tabak ist durch eine Spezialsteuer teuer. Marihuana ist streng verboten und im Vergleich zu anderen europäischen Ländern selten anzutreffen. Wenn man trotzdem röka, -er på *einen rauchen* will, oder gar beroende *abhängig* von knark *Drogen* ist, sind dazu ein paar Vorbereitungen notwendig, unter anderem eine gute Kenntnis des entsprechenden Wortschatzes:

rulla en jolle	einen Joint drehen
langare,	Dealer
kran, *Kran,* **kock** *Koch*	
spliff, jolle, gås *Gans*	Joint
ladd, *Ladung,*	Kokain
kola, *Cola,* **snö** *Schnee*	
holk, haschpipa	Haschpfeife
syra, *Säure,* **lucu**	LSD
svampar	Pilze
maja, töjj, äzi,	Marihuana
zutt, gräs	
tjack, dos, bums,	Speed, Amphetamin
snabba, skor, tjos,	
affe, speed,	
pulver, löpare	

dra en lina	eine Linie ziehen
= snorta kokain	= Kokain schnupfen
röka en gås	Joint rauchen
eine Gans rauchen	
rykare	Raucher
von ryka *rauchen, qualmen*	
fix, kabbe, hårs,	Heroin
smack, jonk	
sprutluder	Drogenabhängige
Spritzenluder	
knarka -ar	Drogen nehmen
knarkare,	Drogenkonsument
narkoman, pundare	
knätch	Kleine Dosis
	einer Droge
knätcha	bei jmd. schlauchen

kvart	Drogenbude
mecka	Drogen vorbereiten
sniffa -er lim	Leim schnüffeln
skjuta -er *schießen*	eine Droge spritzen
bomba *bomben*	eine Droge via Mund einnehmen

Ska vi röka på lite?
Sollen wir uns einen rauchen?

Han är så stenad!
Er ist so gesteinigt!
Er ist sowas von stoned!

Jävlar vad härligt det skulle va' med en redig panna nu.
Teufel wie herrlich das wäre sein mit einer ordentlichen Pfanne jetzt
Boah, so 'ne richtige Amphetaminspritze wär jetzt echt geil.

Får jag knätcha dig?
Darf ich dich knätchen?
Darf ich ein bisschen von deinen Drogen haben?

Han omgicks i pundarkretsar.
Er war mit Junkies zusammen.

Han vill jaga draken.
Er will den Drachen jagen.
Er will Heroin nehmen.

Han är vit.
Er ist weiß.
Er nimmt Drogen.

Nach drogmissbruk lassen die Folgen selten lange auf sich warten ...

hög, pårökt, påtänd, bäng, knarkad	high
bli hög	high werden
vara hög	high sein
dö i en överdos	an einer Überdosis sterben

Är du absad eller?
Bist du auf Abstinenz oder was?

Jag har abbsar.
Ich habe Abstis. (Abstinenzbeschwerden)
Ich habe Entzugserscheinungen.

Jag är dålig.
Ich bin schlecht.
Ich habe Entzugserscheinungen.

Va försiktig, du kan snetända!
Sei vorsichtig, das Zeug kann nach hinten losgehen!

Jag tror jag måste kräkas!
Ich glaub', ich muss kotzen!

Spy ut allt!
Kotz alles raus!

Hon skakar!
Sie zittert!

Han försöjer sig genom bedrägerier så att han kan köpa knark.
Er hält sich mit Betrügereien über Wasser, damit er Stoff kaufen kann.

Nach dem tripp entschließt man sich hoffentlich, nykter *nüchtern* und ren *clean* zu bleiben und nicht weiter slösa upp pengar på dumheter *Geld mit Dummheiten zu verschwenden.*

Han är på botten.
Er ist voll am Ende.

Han försöker komma upp sig i smöret.
Er versucht, aus dem Sumpf zu kommen.

Han har varit ren ganska länge nu.
Er ist jetzt recht lange sauber geblieben.

Du ska bli av med skiten!
Du sollst den Scheiß loswerden!
Verkauf alles!

Moderna problem, ångest och stress

Moderne Probleme, Ängste, Stress

Die schwedische Bevölkerung hat die gleichen Beschwerden und Gebrechen und modernen Prioritäten wie die meisten reichen Länder des Westens ... und sie reden sehr offen darüber. Insgesamt redet man mehr über känslor *Gefühle* als in Deutschland, und vor allem die Leute in der Großstadt sind känsliga *sensibel*. In der folgenden Liste finden Sie ein paar relativ neue Wörter, die aktuell für unser Zeitalter sind:

bikinilinje	Bikinilinie
glassig	extravagant, luxuriös
kroppsfixerad	körperfixiert
deppvecka *Depriwoche*	schlechte Woche
krisa *krisen*	eine Krise schieben
ätstörningar	Ernährungsstörung
extremkrångla *extremumständlichen*	Dinge auf sehr umständliche Art angehen
personkemi	Personenchemie
sjukfuska *krankbetrügen*	sich krank stellen
trendig	trendig
veckopendla -ar	wöchentlich pendeln

kämpa -ar röven av sig
kämpfen Arsch-der von sich
sich den Arsch aufreißen

göra någon en otjänst med något
jmd. einen Undienst machen
jemandem einen Bärendienst erweisen

omogen	unreif
genmanipulerad	genmanipuliert
livstil	Lebensstil
utbränd	ausgebrannt
beslutsångest	Entscheidungsangst
glidarjobb *Gleitjob*	Arbeit, die einem einfach so zugeflogen ist
softa -ar *soften*	„soft“ sein, etwas Gemütliches machen
självförverkligande	selbstverwirklichend
pappaledig *Papafrei*	Elternurlaub für Väter
svartjobba -ar	schwarz arbeiten
spejsad *(Abge"space"ter)*	jemand, der stark an Ufo-Landungen, Astrologie etc. glaubt
snabbmat *Schnellessen*	Fastfood
chansa -ar *chancen*	Risiko eingehen
skära sig	sich ritzen
rastlös	rastlos
resfeber	Reise-; Lampenfieber
sänka någon *jmd. senken*	jmd. dissen
snoppa av *abschwanzen* (*von* snopp *Schwanz, Penis*)	jemanden abblitzen lassen
häng -et *Hängestelle*	ein Café, in dem man viele Stunden verbringen kann
(att) vara peppad	sich total auf etwas freuen

soffpotatis *Sofakartoffel*	jemand, der den ganzen Tag nur rumsitzt
snuskpelle	Schmutzfink, Ferkel, widerlicher Kerl
maffig	cool, beeindruckend, riesig
schysst!	gut!, Super!, Richtig!
Schysst sagt!	Gut gesagt!
taskigt	gemein
nojig	eigen, hypervorsichtig
hemmablind *heimblind*	wenn man aus Gewohnheit das Schöne in der Heimat nicht richtig wertschätzt

(*wie* couch potato)

Man ist z. B. nojig, *wenn man über eine Krankheit gelesen hat und unter dem Einfluss des Textes eine Zeitlang ganz genau darauf achtet, bestimmte Dinge nicht anzufassen* (att vara nojig med något = *um etwas Angst haben*).

Jag har läst om såna parasiter som kan finnas i rå fisk, och nu blev jag jätte nojig med ceviche och sånt ...
Ich habe über so Parasiten gelesen, die es in rohem Fisch geben kann, und jetzt bin ich total nervös, was Ceviche und sowas angeht ...

Det är bara inte schysst!
Das ist einfach nicht fair!

De har jätte maffiga byggnader i Sankt Petersburg!
Es gibt super riesige, coole Gebäude in Sankt Petersburg!

Herregud, vad taskigt du var idag!
Boah, wie gemein du heute bist!

Jag är jätte peppad på festen imorrn.
Ich freu mich schon total auf das Fest morgen.

Att fatta och bli förstådd

Verstehen und verstanden werden

Während einer Unterhaltung ist es wichtig zu zeigen, wieviel man eigentlich versteht und zu wissen, wieviel der andere begreift. Das gilt wohl besonders bei Fremdsprachen.

Neben dem Verb att förstå *verstehen* gibt es ein paar Redewendungen für das gute oder schlechte Gelingen menschlicher Kommunikation: det viktiga är att göra sig förstådd! *Es ist wichtig, sich verständlich zu machen.* Gut zu kennen ist der Ausdruck fattar du? Jag fattar! *(„Fasst du? Ich fasse!") Kapierst du? Ich kapiere!*

Manches ist einfach fullständigt obegripligt, man fattar ingenting överhuvutaget! *Völlig unverständlich, man versteht gar nichts.* Oder auch: att inte förstå ett smack av något *nicht die Bohne verstehen.* Wenn man etwas Unglaubliches, Skandalöses erzählt will man oft sicher gehen, dass der andere begriper *begreift*, was man eigentlich grade sagt: alltså hajar du? *Kapierste?* Beliebt sowohl auf Deutsch als auch på svenska: ingen aning! *keine Ahnung*

Bei skitsnack *dummem Gelaber, Geläster* ist es besser, vorher Bescheid zu sagen: det är inte på allvar *es ist nicht ernst gemeint.* Unangenehm, wenn's der Andere nicht witzig findet!

Det är inte ens roligt!
Ich find's echt nicht witzig.

Bäst att vara på säkra sidan!
Lieber auf der sicheren Seite sein!

Man kann sich ja vorher vergewissern, dass der Gesprächspartner das Folgende richtig versteht:

Lyssna, förstå rätt nu!
Hör mal, versteh mich jetzt nicht falsch!

Und zum Entschärfen: jag skojar! *Ich scherze.* Wenn man nicht glauben kann, was der andere verzapft, geht man lieber auf Nummer sicher:

Skämtar du, seriöst?
Machst du Witze, ernsthaft?

Oder: **Du måste ju skämta!**
Du musst Witze machen!

Aber meistens versteht man sich schon, de allra flesta *die Allermeisten* haben ja huvudet på skaft *Köpfchen.* Leicht aggressiv, aber manchmal echt 'ne gute Frage:

hur ska jag kunna veta det?
Woher soll ich das denn wissen?

Für das Gespräch an sich gibt es verschiedene Bezeichnungen: generell samtal -et *Gespräch*, mit den Verben samtala, prata/tala med/om *sich unterhalten, mit/über... sprechen*, auf Slang aber auch prat -et, snack -et *Gerede, Gelaber*, von snacka *schnacken*, dieses Wort haben sich die Norddeutschen ja auch geliehen!

Längst nicht alle Gespräche sind ernst und bedeutend: prata smörja *Unsinn reden*, manche sind auch rentav elaka *geradezu gemein*: *über jemanden lästern*: att prata skit om nån, wenn die Eltern rumnerven, sagen vor allem Kinder snälla sluta tjata mamma! *Bitte, hör auf rumzunerven Mama!*, *rumlabern* tjafsa führt schnell zu *Gequatsche*: tramsande -t *Generve* von tramsa *nerven*, svamlande -t *Getuschel*, von svamla *tuscheln*, snattrande -t *Geschnatter* von snattra *schnattern*, kacklande -t *Gegacker*. Geschwafel ist auch einfach trams -et oder svammel -t. Sluta nu med ert jävla trams! *Hört jetzt mit eurem Scheiß-Gelaber auf!* Auch *Geplapper* hat eine schwedische Entsprechung: pladder -et.

Bezeichnungen mit Tiernamen

latmask *Faulwurm*	Faulpelz
sjöbjörn	Seebär
landkrabba *Landkrabbe*	jemand, der nicht gerne badet
kåtbock *Geilbock*	geiler Bock
svinpäls *Schweinpelz*	Arschloch
mansgris *Mannschwein*	Schweinehund
arbetshäst	Arbeitspferd

rulla in på en räkmacka
rollen ein auf ein Krabbenbrot
sich einfach irgendwo reinmogeln

luspudel	Lausepudel
sladdertacka *Herumspritz-mutterschaf*	jmd., der Versprechen bricht oder Geheimnisse verrät
taskmört *Gemeinfisch*	Fiesling
smilfink *Lächelfink*	Scheinheiliger
göra nån en björntjänst	jemandem einen Bärendienst erweisen
olycksfågel	Pechvogel, Unglücksrabe

Att vara lika smutsig i munnen som en britt

Im Mund schmutzig wie ein Brite: Schimpfen & Fluchen

Dieses Kapitel ist sehr wichtig für das echte Schwedisch, da es drei Wörter vorstellen wird, die jeden Tag von allen in allen Situationen in allen Wortarten benutzt werden. Das Schwedische zeigt bei Schimpfwörtern keine große Kreativität und Vielfältigkeit, die häufigste Beleidigung ist din jävel! *(dein Teufel) = Du Teufel!* Der Wohnort desselben, helvetet *die Hölle,* ist das zweite Wort. Das dritte und vielleicht wichtigste ist fan *Teufel.* Sehen wir uns die extrem vielseitigen Anwendungsmöglichkeiten dieser Wörtchen mal genauer an!

Vorab sei gesagt, dass diese Wörter absolut kein Tabuvokabular sind, sondern auch Unbekannten gegenüber alltäglich in ihren verschiedenen Funktionen genutzt werden.

1. Ausruf + Subjekt

Klassische Anwendung: förbannelse, svordom also als *Fluch*, zum svära *fluchen*.

Fan! *Teufel!* **Fan också!** *Teufel auch!* **För fan!** *Für Teufel!*	Scheiße!
För helvete! *Für Hölle!* **Helvete!** *Hölle!* **Helvete också!** *Hölle auch!*	Scheiße!
Vafan! *Wasteufel!* **Vafan är det här?!** *Wasteufel ist das hier?!*	Was zum ... ?

Vafan! *wird im Schwedischen sehr oft benutzt, ungefähr so wie im Englischen* "what the ... ?"

Vafan håller du på med egentligen?
Wasteufel hälst du auf mit eigentlich?
Was machst du eigentlich für'n Scheiß?

Helvetes alla jävlar också, fan!
Hölle-der alle Teufel auch, Teufel!
So eine verdammte Scheiße!

Jävlar! auch: **jäklar!**
Ach du Scheiße! Meine Fresse!

Du ska ge fan i det!
Du sollst geben Teufel in das!
Das geht dich nichts an!

Ditt förbannade fanskap!
Deine verbannte Teufelschaft
Du Stück Scheiße!

att ge fan i nåt
zu geben Teufel in etwas
etwas einfach sein lassen

Fy fan!
Pfui Teufel!

Men vafan!
aber wasteufel!
Also wirklich!

Din jävel!
Dein Teufel!
Du Hund! / Arsch!

Achtung, das Wort jävel kann viele „Beleidigungsniveaus" haben!

Fan ta dig!
Teufel nimmt dich!
Verzieh dich!

Dra åt helvete!
Zieh zur Hölle!
Verpiss dich!

Visst fan!
Gewiss Teufel!
Na klar!

Fan ja!
Teufel ja!
Na klar!

Där kommer den där snutjäveln igen.
Da kommt dieser Scheiß-Bulle wieder.

Du ska för helvete inte avbryta när jag talar!
Unterbrich mich verdammt noch mal nicht, wenn ich rede!

Kriget är ju bara för jävligt alltså.
Der Krieg ist ja nur teuflisch also.
Der Krieg ist schrecklich.

Jag orkar inte, kattjäveln har pruttat igen!
Ich schaffe nicht, Katzenteufel-der hat gefurzt wieder!
Also echt, diese Scheiß-Katze hat schon wieder gefurzt.

Det gick in i helvetet till.
Das ging in in Hölle-die zu
Das ist total beschissen gelaufen.

Vilket helvetes oväsen!
Welcher Hölle-der Krach!
Was für ein schrecklicher Lärm!

Hon är fan så hett alltså!
Sie ist Teufel so heiß also!
Die finde ich so was von heiß!

Vad fasen är det där för jävla skit?
Was zum Teufel ist das für eine verdammte Scheiße?

Han fick ta mycket skit i livet.
Er durfte nehmen viel Scheiße im Leben
Er hat viel Scheiße im Leben abgekriegt.

2. als Eigenschaftswort

Jävel / jäkel wird sehr häufig auch als schwaches Adjektiv (Eigenschaftswort) benutzt: jävla / jäkla, also in etwa „teuflisch" oder „verteufelt". Nach jävla / jäkla kommt dann das bezeichnete Subjekt. Einfach *alles* kann als jävla / jäkla klassifiziert werden. Die Bedeutung variiert von „dämlich, scheiß-, unwichtig, verdammt, drecks-, blöde" etc. etc. Sie können eigentlich alles gefahrlos mit jävla + „bestimmte Form" verzieren. Alternativ kann man auch das Adverb jävligt / jäkligt nutzen.

Du ser bara för jävligt ut.
Du siehst nur für teuflisch aus.
Du siehst echt scheiße aus.

Jag hittar inte den där jävla restaurangen.
Ich finde nicht dieses da teuflisches Restaurant-das.
Ich finde dieses dämliche Restaurant nicht.

Skit i den där jävla Tobias nu.
Scheiß in diesen da teuflischen Tobias jetzt.
Scheiß auf diesen blöden Tobias.

Asså alla jävla nazister kan bara dra åt skogen!
also diese verdammten Nazis können nur ziehen nach Wald-der
Also diese verdammten Nazis sollen sich einfach verpissen!

Att vara lika smutsig i munnen som en britt

Kan du ge mig den där jäkla pennan där borta?
Kannst du geben mir diesen da teuflischen Stift-der da weg?
Kannst du mir diesen komischen Stift da geben?

Alltså det är jävligt ont om tid nu, du borde skynda dig!
Also es ist teuflisch weh um Zeit jetzt, du solltest beeilen dich!
Es ist echt knapp jetzt, du solltest dich beeilen!

Det gör ju jävligt ont att få en sån smäll på käften.
Das tut ja teuflisch weh zu kriegen einen solchen Schlag auf Maul-das
Das tut ja tierisch weh, so 'nen Schlag auf die Fresse zu kriegen.

Svensk vinter är jävligt kall,
man får vara jävligt försiktigt om man inte vill bli förkyld.
Der schwedische Winter ist verdammt kalt,
man muss höllisch aufpassen, wenn man sich nicht erkälten will.

Allt är så jävla orättvist, sluta va så jävla elak!
Alles ist so ungerecht, hör auf, so scheiße gemein zu sein!

Es gibt aber auch die umgekehrte Bedeutung, wo jävla als „Verstärker" funktioniert:

Det är så jävla mysigt att sitta på café.
Es ist so saugemütlich, im Café zu sitzen.

De har så jävla bra sortiment på butiken.
Die haben so ein gutes Sortiment in dem Geschäft.

Det kommer en jävligt bra film idag.
Heute kommt ein verdammt guter Film.

3. als Verb

Jävel kann auch ein Verb sein: (att) jävlas. Es funktioniert immer in der Passivform: (att) jävlas / jäklas bedeutet „jemanden verarschen", „sich über jemanden lustig machen", ist also gleichbedeutend mit att driva -er, drev, drivit / skämta med någon, es kann aber auch „Unfug treiben" und „stänkern" bedeuten.

Skärp dig, sluta jävlas nu!
Schärf dich, schließ das Teufeln jetzt!
Benimm dich, hör auf rumzualbern!

De jävlades hela dagen.
Die haben den ganzen Tag geteufelt.
Sie haben den ganzen Tag nur Unsinn gemacht.

Han jävlas bara.
Er teufelt nur.
Er macht nur Scheiß.

Andere Beleidigungen und Flüche

Sie existieren durchaus, kommen bei den konfliktscheuen Schweden aber seltener vor.

Übrigens, wenn man jemanden direkt verunglimpft, nutzt man besitzanzeigende Fürwörter statt persönlicher Fürwörter (din jävel *dein Teufel* statt du jävel *du Teufel*, era fittskallar *dein Fotzenschädel* statt ni fittskallar *du Fotzenschädel*) usw.

Att vara lika smutsig i munnen som en britt

horunge	*Hurenjunge*	Hurensohn
fittskalle	*Fotzenschädel*	Wichser
rövhål		Arschloch
fitta		Fotze
hora		Hure
slampa		Schlampe
bögjävel	*Schwulteufel*	Schwuchtel
skit!		Scheiße!
skithög	*Scheißhaufen*	Scheißer
rövslickare		Arschlecker
mammaknullare		Motherfucker
CP		Behinderter
missfoster		Missgeburt
svin -et		Schwein
idiot		Idiot
träskalle		Holzkopf
ärthjärna		Erbsenhirn
skitstövel	*Scheißstiefel*	Arschloch
dygnkuk		Schwanzkopf
apskaft		Affe
lemmel		Trottel
en gammal kärring		eine alte Schachtel
en gubbjävel		ein verdammter Greis
tant		Alte, ältere Dame
gubbe		Alter

CP *(Cerebralparese) ist der klinische Begriff dafür, dass durch Sauerstoffmangel Hirnschäden entstanden sind. Wird leider auch als Beleidigung genutzt. Die Beleidigung ist relativ verbreitet, aber die Leute benutzen das Wort, ohne zu wissen oder sich Gedanken zu machen, was dahinter steckt.*

Gubbe *(Alter)*, kärring *(Schachtel)* und auch tant *(alte Frau, nicht Tante!)* sind aber nicht immer negativ – sie können herablassend, aber auch scherzhaft gemeint sein.

Jag ska ses med farsgubben idag.
Ich treffe meinen Alten heute.

Den där rika tanten är nojig med porslinet alltså!
Die reiche Alte hat echt Angst um ihr Porzellan!

Nach vieler Flucherei, wenn man viel snackat skit om nån *über jemanden lästert*, ist vielleicht eine kleine Beschwichtigung angesagt:

Ursäkta min franska!
Entschuldige mein Französisch!

Jag ber om ursäkt!
Ich bitte um Entschuldigung! (ironisch)

Oder man entschärft klugerweise die Situation ein bisschen:

Du, jag skojar bara det vet du väl?
Du weißt wohl, dass das ein Witz ist?

Wahrscheinlich erntet man ein giftiges

Konstigt skämt.
Komischer Witz.

Det är inte ens roligt alltså!
Ich find's echt nicht witzig!

– oder man wird dazu gezwungen:

Ta tillbaka det du sa!
Nimm das zurück!

Ta det lugnt!
Komm runter!, reg dich ab!

Wenn man jemandem den Mund verbietet, sagt man Käften! *Schnauze!* Oder håll käften! *Halt's Maul!* oder etwas freundlicher: tyst! *Ruhe!*

Käft heißt auch „Maul" (eines Tieres) und ist nicht zu verwechseln mit der Redewendung

Det finns inte en käft här!
etwa: Hier ist kein Schwein weit und breit!

Håll käften! Halt's Maul!

Zweifel, Unglaube und Schlägerei

Wenn man am Geisteszustand einer Person zweifelt, jemand nur Müll erzählt oder man eine Geschichte einfach nicht glauben kann, ist der andere entweder skogstokig *waldverrückt* verrückt oder dum i huvet *dumm im Kopp*. Wenige haben die Gabe, att tvivla på sig själv *sich selbst zu bezweifeln*. Auch *Gespött* spott och spe kommt vor, att göra narr av nån *jemanden zum Narren machen* ist in Schweden noch gebräuchlich. Um herauszufinden hur det står till *wie es aussieht*, gibt es verschiedene Fragen:

Driver du med mig?
Willst du mich verarschen?

Jag tror han är helt torkad.
Ich glaub', der ist total dämlich.

Wenn man vom *Gelaber* skitsnack des anderen richtig sauer wird, geht's auch härter ...

Det går ju en verkligen på nerverna om nån bara dillar och jamsar hela tiden.
Es geht ja wirklich auf die Nerven, wenn jemand die ganze Zeit labert.

Han pratar bara smörja hela tiden.
Er redet die ganze Zeit nur Unsinn.

Vilket jävla struntprat.
Was für ein dämliches Gelaber.

Han bara babblar den där skojaren.
Dieser Witzbold labert nur.

Hon är ju helt störd.
Sie ist ja total gestört.

Hon är helt jävla galen.
Sie ist total durchgeknallt.

Han har nog en skruv lös.
Er hat wohl eine Schraube locker.

Du med ditt skitiga fejs.
Du mit deiner beschissenen Fresse!

Är du helt jävla efterbliven eller?
Bist du total zurückgeblieben oder was?

Und plötzlich: Oj, det gick snett! *Ups, das ging schief!* Läget blir känsligt *Die Lage wird brenzlig*. Wenn man an den Falschen gerät, kann es nämlich sogar in Schweden mal zu slagsmål -et *Schlägerei* kommen.

Nu går det riktigt på tok!
Jetzt geht's wirklich ab!

Nu blir det bråk!
Jetzt gibt's Streit!

Streitereien arten gerne mal in Beleidigungen aus und verschiedene Wortgefechte finden statt:

Är du helt jävla CP?
Bist du voll behindert oder was?

Du har inga nötter i påsen!
Du hast keine Nüsse in der Tüte
Du hast keine Eier!

begå ett misstag	einen Fehler begehen
skita i det blåa skåpet	einen Fehler begehen
in den blauen Schrank scheißen	
kaxa -ar upp	angeben
bli dumpad	verarscht werden
slå skiten ur nån	die Scheiße aus jmd. rausschlagen
prygla	prügeln
håll respekten uppe!	Hab Respekt!
Halt Respekt-der hoch!	
skälla ut nån	jmd. zur Sau machen
ha ihjäl nån	jmd. kaputtschlagen
kola	abkratzen
ta tillbaka det där!	Nimm das zurück!

Inte alla klarar hur mycket som helst!
Nicht alle können egal wieviel vertragen!

Schnell forsar det tårar *fließen Tränen* und es bricht ein großes skrikande -t *Geschrei* und skrän -et, skrål -et *Gejohle* aus. Was für ein gnäll -et *Gejammer* – am besten ist es dann, es einfach sein zu lassen.

Ska vi inte bara strunta i det här?
Sollen wir das nicht einfach lassen?

Låt oss skita i det.
Lass uns drauf scheißen.

Strunta i något und skita i något funktionieren in allen Situationen, wenn man sagen will, dass man etwas einfach bleiben lässt. Wenn man bei Ica an der Kasse gefragt wird, ob man kvittot *den Beleg* mitnehmen will, kann man einfach verneinend sagen: Nej jag struntar i det *Ich brauch das nicht.*

att ha is i magen *Eis im Magen haben* total cool sein

Schwere Geschütze aus älteren Zeiten findet man in der ganzen Gegend um Stockholm – auch da, wo man am wenigten damit rechnet

Auch ein einfaches gapskratt -et *schallendes Gelächter* kann die Situation entschärfen.

In dieser Liste finden sich die Wörter, die in diesem Buch vorkommen, nach dem deutschen Alphabet sortiert, mit der Seitenzahl, auf der das Wort zu finden ist.

A

aa *ja* 36, 41
abbsar *Abstinenz* 107
absad *abstinent* 107
affär *Affäre* 83
affe *Amphetamin* 105
äger *„ist der Chef"* 61
aina *Polizei* 60
alkis *Alkoholiker* 100
alltså *also* 17, 42, 102, 112, 118, 120, 123
andan i halsen *atemlos* 91
apskaft *Affe* 122
arbetshäst *Arbeitstier* 114
arsle *Arschloch* 78
ärthjärna *Erbsenhirn* 122
as- *Aas-* 29
asbra *supergut* 30
askfatet *Aschenbecher* 104
asläcker *superlecker* 30
asså *also* 17, 39
ätstörningar *Essstörungen* 109
avsuga *blasen* 77
avsugning *Blasen* 77
axa *abhauen* 60
äzi *Pilze* 105

B

ba' *nur* 17, 35
babbla *labern* 126
bajamaja *Scheißhaus* 86
bajsa *kacken* 86
bajsnödig *„muss groß machen"* 86
bakfräsch *kein Kater* 102
bakfull *Kater haben* 102
bakfylla *Kater* 101
bakifrån *von hinten* 77
bakis *einen Kater haben* 24, 102
baksmälla *einen Kater haben* 101
bäng *bekifft* 107
barka *snusen* 104
bästisar *beste Kumpels* 27
baxa *klauen* 60
bedra *betrügen* 83

C

D

G

H

hatobjekt *Opfer* 69
hej *hallo / tschüss* 63
helga *Wochenende machen* 33
helvete *Höllen- / Scheiß-* 115, 116, 117, 118
hembränt *Selbstgebrannter* 103
hemlös *obdachlos* 93
hemmablind *„heimatblind"* 111
hett *heiß* 118
hinka *sich totsaufen* 100, 102
historia *Geschichte* 70
hjärtat i halsgropen *Herz bis zum Hals schlagen haben* 91
hög *high* 107
högstadiet *Oberstufe, Gymnasiumphase* 68
holk *Haschpfeife* 105
hoppa *springen* 99
hora *Hure* 122
horunge *Hurensohn* 122
hundralapp *100-Kronen-Schein* 88
hundring *100-Kronen-Schein* 88
hyper- *hyper-* 29

I

i fyllan och villan *im Suff* 100
i sticket *im Stich* 92
idiot *Idiot* 122
ihop *zusammen* 82
imorrn *morgen* 17
inte en käft *kein Schwein* 124
invandring *Einwanderung* 11

J

ja' *ich* 17
Jadå! *Aber ja!* 42
jaga draken *Heroin nehmen* 106
jaha *Echt?* 36, 37, 39, 40, 41
Jajamän! *Aber klar!* 42
Jajamänsan! *Aber natürlich!* 42
jäkel *Schwein* 119
jäkla *Ach du Scheiße!* 119, 120
jäklar *Ach du Scheiße!* 116
jäklas *Scheiße bauen* 121
jäkligt *verdammt* 119
jallah! *Komm schon!* 60
jamsa *labern* 125
Jantelagen *„Jantes Gesetz"* 13
jara *Zigarette* 103
jaså *Ach so, Na dann* 36
jätte *riesen-, super-* 29, 30, 95, 111
Jättebra! *Sehr gut!* 64
jättefin *superschön* 30
jätteliten *sehr klein* 30
jävel *Schwein, Hund, Arsch* 115, 117, 119, 121
jävla *verdammt* 27, 52, 75, 114, 118, 119, 120, 125, 126, 127
jävlades *Scheiße gebaut haben* 121
jävlar *Ach du Scheiße!* 116, 117
jävlas *Scheiße bauen, verarschen, Spaß machen* 121
jävligt *sehr, unglaublich, verdammt (adv.)* 118, 119, 120
Jo! *Doch!* 42
jolle *Joint* 105

jonk *Heroin* 105
jox *Teile* 70
jude *Jude* 93
jula *Weihnachten feiern* 32

K

kabbe *Heroin* 105
kacklande *Gelaber* 114
kådis *Kondom* 24
kaffe *Kaffee* 95, 96
käft *Fresse* 37
käftis *Zahnarzt* 26
käka *essen, futtern* 94, 95
kalsonggreppet *Unterhosengriff* 69
kändis *Promi* 26
kändisarna *die Promis* 27
kanon- *super-* 29
Kanon! *Prima!* 64
känsligt *sensibel* 126
käraste *Liebster* 82
kärlek *Liebe* 82
kärring *alte Dame, alte Schachtel* 122
kåt *geil (scharf)* 77, 80
kåtbock *geiler Bock* 114
kattjävel *Scheißkatze* 118
kaxa *angeben* 127
kaxig *angeberisch, arrogant* 52
keff *schlecht* 60
kelande *Geschmuse* 80
kexig *geil (cool, super)* 61
kickers *„die Harten“* 69
kidsen *die Kinners* 51
kila *„zusammensein“* 82
kissa *pissen* 86
kissnödig *pissen müssen* 86
klara *schaffen* 95
klia *kratzen* 79
klump i halsen *Kloß im Hals* 91
knåda *kneten* 79
knark *Droge, Stoff* 104, 108
knarka *Drogen nehmen* 105
knarkad *auf Droge* 107
knarkare *Drogenhändler* 105
knätch *kleine Menge Cannabis* 60, 105
knätcha *schnorren (Drogen)* 105, 106
knulla *ficken* 77
knullkompis *Fickfreund* 81
knullsugen *fickhungrig* 76
kock *Dealer* 1050
kökspsykologi *Küchenpsychologie* 29
kola *Kokain* 105, 127
kompis *Kumpel* 26
kondis *Ausdauer* 24
konstigt *komisch* 123
kontantfria *bargeldfrei* 11
korgen *Korb* 76
kört *vorbei, gelaufen* 90
krabbis *Kater* 102
krafsa *kratzen* 79
kräkas *kotzen* 107
krake *Armer* 89
kram *Umarmung* 79
kran *Dealer* 105
krisa *Krise haben* 109
kröka *besaufen* 102
krölle *Fest* 103
kroppsfixerad *körperfixiert* 109

krypa *kriechen* 79
kungen *der König* 18
kvarstittning *Sitzenbleiben* 69
kvart *Drogenbude* 106
kvinnlig *weiblich* 46
kyrkråtta *Kirchenmaus* 89

L

ladd *Kokain* 105
lagom *ausgeglichen* 13
landkrabba *Landratte* 114
langare *Dealer* 105
långtradare *tiefer Zungenkuss* 77
latmask *Faulpelz* 114
lemmel *Trottel* 122
len *Kumpel* 60
ligga *mit jmd. schlagen* 76
lika *„liken"* 74
liksom *wie* 48, 49
limma *sich ranmachen* 76
lina *(Koks)linie* 105
livstil *Lebensstil* 15, 110
lögnhalsen *Lügner?* 61
löpare *Speed* 105
loppis *Flohmarkt* 26
lördagsgodis *Samstagssüßigkeiten* 41
lösplugg *leicht alkoholisches Getränk* 103
lössnus *Snuspulver* 98, 104
lucu *LSD* 105
lugnt *ruhig* 124
luspudel *Lausepudel* 115
lyxa *was Luxuriöses machen* 33

M

maffig *cool* 111
maja *Pilze* 105
majstången *Maibaum* 12
makapär *Sache, Ding* 70, 71
mammaknullare *Motherfucker* 122
många *viele* 20
manlig *männlich* 45
mansgris *Schwein* 114
mansgrisa *sich (als Mann) wie ein Schwein benehmen* 32
märklig *merkwürdig* 70, 71
märkvärdig *merkwürdig* 57
massa *viele* 70, 75
mataffär *Lebensmittelgeschäft* 11, 98
matvägra *hungerstreiken* 33
mecka *Drogen vorbereiten* 106
medis *Medborgarplatsen* 24
mega- *mega-* 29
mejla *mailen* 32
mellis *Zwischenmahlzeit* 25
men *aber* 40
messa *Nachrichten schreiben* 32, 51
micra *in der Mikrowelle aufwärmen* 32
missfoster *Missgeburt* 122
misstag *Fehler* 127
mobba *mobben* 74
mobboffer *Mobbing-Opfer* 69
mojs *Teile, Sachen* 70
morsa *Mutter* 84
moster *Tante* 76
mulla *„Mullah"* 69
mupp *Klassendummkopf* 68

Wörterliste

pårökt *high* 107
partaja *feiern* 101
påtänd *high* 107
påtår *Nachfüllung* 95, 96
patrask *Gesindel* 91
påverkad *unter Einfluss* 98
peppad *sich auf etw. freuen* 110, 111
personkemi *Chemie (zw. Leuten)* 109
pinne *Kippe* 103
pladder *Gelaber* 114
planka *schwarzfahren* 69
planrak *stockbesoffen* 102
plugga *büffeln* 69, 94
plugghäst *Büffeltier* 69
pojkvän *fester Freund* 82
poli *polygam* 81
prata *reden* 125
prata skit *Scheiße labern, lästern* 114
prata smörja *Unsinn reden* 114
prutt *Furz* 86
prutta *furzen* 86, 118
prygla *prügeln* 127
pryl *Mist, Sachen, Dinge* 70
pulver *Pulver* 105
pundare *Junkie* 105
pundarkretsar *Junkies* 106
puss *Kuss* 79
pussisar *Küsschen* 24
pyssla *basteln* 70

R

rabarber *Rharbarber* 91
(ha) råd *sich leisten können* 89
ragg *Eroberung f. d. Abend* 75, 76
ragga *aufreißen* 75
räkmacka *Krabbenbrot* 115
raring *Süße/r* 82
rastlös *rastlos* 110
råttan *Ratte* 91
rattfylla *besoffen autofahren* 100
rejäl *extrem* 102
resfeber *Reisefieber* 110
rinkebysvenska *Vorortschwedisch* 59
riva *kratzen* 79
rödvinsdjup *philosophisch durch Rotweineinfluss* 28
röka *rauchen* 104, 105, 106
rökruta *geheime Raucherecke* 68
roligt *lustig, spaßig, cool* 113, 123
romer *Sinti und Roma* 93
rotblöta *sich richtig vollsaufen* 102
rövarspråket *Räubersprache* 68
röven *Hintern* 109
rövhål *Arschloch* 122
rövknullad *arschgefickt* 77
rövslickare *Arschlecker* 122
rulla *rollen* 64, 103, 115
rumpan *Hintern* 77, 86
rund om fötterna *beschwipst* 101
ryka *qualmen* 105
rykare *Raucher* 105

S

sådär *auf diese Weise, so* 65
safe *sicher* 50

sluta *Schluss machen* 120, 121
smack *Heroin* 105, 112
smaska *schmatzen* 94
smaskigt *lecker* 96
småsova *dösen* 33
smeka *streicheln* 79
smilfink *Scheinheiliger* 115
smöra *schleimen* 32, 69
smörja *Unfug, Unsinn* 125
sms:a *simsen* 32
snabba *Heroin* 105
snabbis *kurz* 25
snabbmat *Fast-Food* 110
snacka *reden, sprechen* 114, 123
snål *geizig* 88
snapsvisa *Schnapslied* 98
snattra *schnattern* 114
snattrande *Geschnatter* 114
snetända *nach hinten losgehen* 107
(gå) snett *schiefgehen* 126
sniffa *schnüffeln* 106
sno *klauen* 92
snö *Kokain* 105
snopp *Schwanz* 76
snoppa av *abblitzen lassen* 110
snor *Rotze* 86
snora *rotzen* 86
snorta *schnupfen* 105
snubbe *Typ* 61
snudd *dicht dran* 90
snus *Snus* 98, 104
snusa *snusen* 104
snusdosa *Snusdose* 104
snuskigt *versaut* 77
snuskpelle *Versauter* 111
snutarna *die Bullen* 92
snutjävel *Bullenschwein* 117
snygging *Hübsche/r* 82
södersnack *Dialekt aus Stockholm-Södermalm* 53, 61
soffpotatis *Couchpotato* 111
softa *chillen* 110
sötis *Süße/r* 24
sötmul *Süße/r* 82
spänn *Kronen (vgl. engl.* **bucks***)* 88
spe *Hohn* 125
speed *Speed* 105
spejsad *cool, trendig* 110
spliff *Joint* 105
spott *Spott* 125
sprängfull *voll besoffen* 31
sprängkåt *total geil* 31
spränglärd *extrem gelehrt* 31
sprit *Schnaps* 98, 100
sprutluder *Drogenabhängige* 105
stackare *arme Sau* 89
stålar *Kohle* 88
stalka *stalken* 73, 74
stan *die Stadt* 17
stenad *stoned* 106
stenhård *steinhart* 31
stenrik *steinreich* 31
stilla rummet *das stille Örtchen* 85
stöddig *„zu selbstsicher“* 52
storbolmare *Kettenraucher* 104
störd *gestört* 126
storm- *super-* 29
storrökare *Kettenraucher* 104

storstäda *Großputz machen* 31
streber *Streber* 69
strula *rumknutschen* 61, 81
strunta *etwas sein lassen* 127, 128
struntprat *Unsinn* 125
sugen *hungrig sein, Lust auf etwas haben* 99
sunkig *heruntergekommen* 91
sup *Schluck direkt aus der Flasche* 102
supa *saufen* 100
super- *super-* 29
Superbra! *Total cool!* 64
surfa *surfen* 72
svamla *rumlabern* 114
svamlande *Gelaber* 114
svammel *Gelaber* 114
svampar *Pilze* 105
svära *fluchen* 116
svartjobba *schwarz arbeiten* 110
svartskalligt *„wie ein Schwarzkopf"* 61
svengelska *„Schwenglisch"* 51
svin *Schwein* 122
svin- *schweine-* 29
svinbra *saugut* 30
svinpäls *Lümmel* 114
swisha *swishen* 51
syra *LSD* 105
syrran *Schwester* 84
system *Systembolaget* 100

T

ta-r ett bloss *mal ziehen* 104
tåga *Zug fahren* 33
tagga *taggen* 60
tajt *tight* 51
tända *geil werden* 77
tanka *tanken* 102
tant *ältere Dame* 122, 123
tanter *ältere Damen* 52
taskigt *gemein* 111
taskmört *Fiesling* 115
taste *Geschmack* 50
tattare *„reisendes Volk"* 93
tia *10-Kronen-Münzen* 88
tiggare *Bettler* 91
tippexa *tippexen* 32
tipsa *Tipps geben* 90
tjack *Speed* 105
tjacka *besorgen* 101
tjafsa *grapschen* 60, 114
tjalla *anschwärzen* 90, 92
tjallaren *Anschwärzer* 90
tjata *rumnerven* 114
tjena *Hi!* 63
tjockis *Dickerchen* 24, 25
tjos *Speed* 105
tjugolapp *20-Kronen-Schein* 88
tjuv *Dieb* 91
tjuvknulla *fremdgehen* 31
tjuvrökare *Zigarettenschnorrer* 103
tjuvsnusare *Snusschnorrer* 103
töjj *Pilze* 105
tokköra *wie ein Verrückter fahren* 31
topp-, toppen- *super-* 29, 64
torkad *dämlich* 125
total *total* 97
trams *Gelaber* 114

U

V-W

Z

Kompakt & handlich: Die Stadtführer aus dem
Reise Know-How Verlag

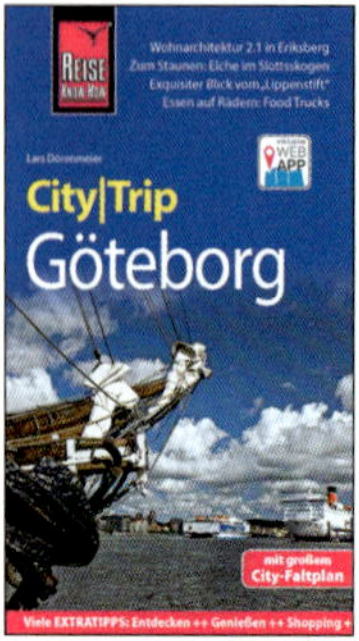

CityTrip Göteborg
Lars Dörenmeier
ISBN 978-3-8317-3135-0

€ 11,95 [D]

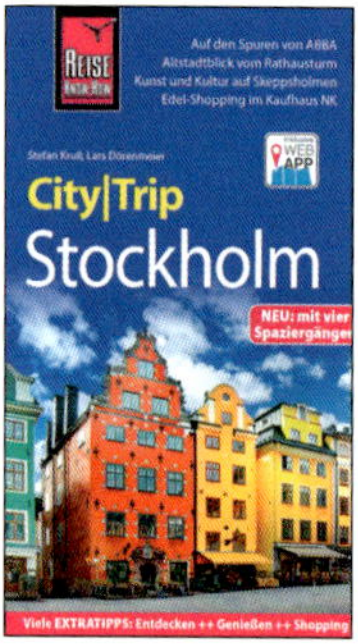

CityTrip Stockholm
Lars Dörenmeier, Stefan Krull
ISBN 978-3-8317-3138-1

€ 11,95 [D]

- Viele reisepraktische Informationen
- Sorgfältige Beschreibung der interessantesten Sehenswürdigkeiten
- Historische Hintergründe der Städte | Geschichte der Regionen
- Empfehlenswerte Unterkünfte | Restaurants aller Preisklassen
- Erlebnisreiche Stadtspaziergänge
- Detaillierte Stadtpläne | City-Faltplan zum Herausnehmen | 144 / 156 Seiten

inklusive WEB APP

Reisen? We know how!

Der Autor

Marlon Görnert hat mit 15 Jahren angefangen, auf der Seite „sprichmalschwedisch.com" Schwedisch zu lernen. Inzwischen ist er Spezialist für skandinavische und romanische Philologie.

Er hat eine kleine Sammlung Kauderwelsch-Bücher für Regionalsprachen und hatte spontan die Idee, selbst zur Slang-Reihe beizutragen und ein Büchlein mitzugestalten.

In seiner Freizeit reist er sehr viel, liest und guckt Serien. Seine Lieblingsstädte sind Paris und Mexiko-Stadt, seine Lieblingssprachen sind Schwedisch und Portugiesisch. Er übersetzt im Moment vor allem korsische Literatur ins Deutsche. Marlon Görnert lebt in Essen und Stockholm.